Frontiers of Global En

EDUCATION

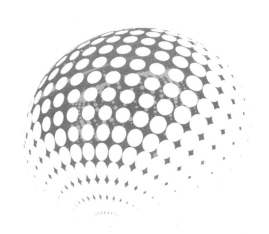

全球工程教育前沿

第一辑

美国国家研究理事会
美国国家科学院、工程院和医学院 等 / 著

张 炜 孔寒冰 李拓宇 / 编译

ZHEJIANG UNIVERSITY PRESS
浙江大学出版社

译 者 序

　　21世纪以来，新一代信息技术加速更迭，人工智能应用在重塑传统工业界的同时，更深刻地冲击着原有的工程教育范式。准确把握全球工程教育趋势，敏锐捕捉科技革命新动向，已成为全球主要工业国家的战略选择。《全球工程教育前沿》（第一辑）由浙江大学中国科教战略研究院与中国高等教育学会工程教育专业委员会联合发布，旨在介绍世界各国高等工程教育的发展状况和改革动向，引介评述工程教育研究学术动态，推广工程教育研究前沿学术成果，供中国工程教育研究者、管理者、广大师生交流借鉴，为应对全球挑战、实现工程教育可持续发展提供行动参考。

　　《全球工程教育前沿》（第一辑）选取由美国国家学术出版社（The National Academies Press，NAP）分别于2015年和2016年出版的《培养学生从大数据中提取价值：研讨会总结》和《21世纪的信息物理系统教育》两篇报告，从人才培养的角度出发，深入探讨大科学时代背景下，"如何更好地培训学生去使用大数据"和"如何推进信息物理系统教育"两大议题，意在为我国工程教育教学改革，尤其是面向新一代信息技术的人才培养体系改革，提供前沿性实践经验和发展方向。

　　《培养学生从大数据中提取价值：研讨会总结》是对2014年4月11—12日召开的应用与理论统计常务委员会（CATS）专题研讨会的总结，重点就"教给谁""教什么""怎么教"三个具体问题展开讨论：①对问题进行聚焦。培养大数据人才需从目标学生类型、教学组织结构、教学课程内容及其他学科经验四个方面进行突破。②明确教学方式。大数据人才培养需要跨学科协作，统计分析、机器学习和计算基础设施三方面的教学必不可少。③厘清大数据处理原理。即遵循"获取—提取/清理—整合/表现—分析/建模—解释"的分析路线。同时政府、高校与企业三方需提供知识库、慕课（MOOC）等数据库共享技术支持。

　　《21世纪的信息物理系统教育》由美国国家科学院、工程院、医学院三家单位于2016年联合发布。该报告研究了信息物理系统（CPS）这一新兴领域的知识内容及其对工程和计算机科学教育的影响，提出CPS是一门新兴学科的论断，给出了CPS本科学士学位和硕士学位的课程规划，以及土木工程、机械工程、电气工程、计算机科学等专业的课程改革方案。

目 | 录

II 21 世纪的信息物理系统教育

I

培养学生从大数据中提取价值：
研讨会总结

1. 引　言

无论是科学与工程、经济、医疗保健、公共政策领域，还是商业领域，其数据集都在迅速增长。最近美国国家研究理事会（National Research Council，NRC）的报告《海量数据分析前沿》记录了"大数据"的兴起，系统会返回太字节、千万亿字节甚至更多的信息（National Research Council，2013）。由于高通量数据采集技术的出现，诸如信息感测移动设备、遥感、射频识别读取器、互联网日志记录和无线传感器网络，大数据已经变得无处不在。科学、工程和商业领域摆脱了长期以来困难地从少量数据中挖掘信息的状态，迅速发展到现在的远超人类检索能力的信息量。像雅虎、谷歌和亚马逊这样的网络公司通常使用由数十亿条目组成的数据集，并且随着物联网①的成熟，这些数据可能会增加一个或多个数量级；换句话说，如今数据的规模变得越来越大，而且只会不断扩大。另外，数据集越来越复杂，这可能会增加信息遗漏及其他质量问题、数据异质性和数据格式不同等相关问题。

技术的进步使汇集和获取大量数据变得更加容易。现在，一个关键的挑战是要培养能够从所有信息中得出可靠推论的专家。一个国家利用数据的能力，在很大程度上取决于是否拥有经过适当培训并准备好应对这些高需领域的劳动力队伍。麦肯锡公司的一份报告（Manyika et al.，2011）预测，未来将缺少15万名数据分析师和150万名数据及相关方面的管理人员。壮大能够从大数据中提取价值的合格科学家和工程师队伍变得越来越重要。

培养学生利用大数据的能力需要有统计分析、机器学习和计算基础设施方面的经验，因为这些经验可以揭示并最终解决与海量数据相关的实际问题。可用的存储库（数据和软件）和计算基础设施对培养下一代数据科学家是必不可少的。大数据分析需要跨学科技能，包括在权衡优化（optimization）和近似（approximation）的同时进行建模决策的能力，并且要关注有用的指标和系统稳健性。要培养学生的这些技能，把握好以下三点是很重要的：一是教谁，即未来的数据科学专业学生的教育背景、经验和特点；二是教什么，即应该教给学生的

---

① 物联网是嵌入整个网络结构中的唯一可识别物理对象的网络，例如可以调整设置、订购替换部件等的家用电器。

技术内容和实践内容；三是如何教，即数据科学教育计划的结构和组织。

探讨如何培养学生大数据方面的知识和技能是很合时宜的，因为很多大学已经开始根据未来将从事大数据工作的学生的需求进行课程和项目的试验。仅2014年就有8个大学项目启动或即将启动[①]。本研讨会的报告旨在使与会者能够从中学习并获益，推进教育创新。

1.1 研讨会概况

2014年4月11—12日，应用与理论统计常务委员会（CATS）召开了一次研讨会，讨论如何更好地培训学生去使用大数据。CATS是在NRC数学科学及其应用委员会的支持下组织的。

为了举办该研讨会，他们首先组建了一个计划委员会，以完善主题、确定发言人并规划议程。研讨会在华盛顿特区国家研究院凯克中心举行，由美国国家科学基金会（NSF）资助。包括主讲人、CATS及董事会成员、受邀嘉宾以及公众在内的大约70人参加了为期2天的会议。该研讨会也有网络直播，至少有175人远程参与。

研讨会探讨了下列主题：

- 对大数据的培训需求。
- 课程和课程作业，包括对不同教学水平、核心课程的建议。
- 成功的课程和课程体系案例。
- 确定应该交付的原则，包括共享资源。

尽管研讨会的主题是"培养学生从大数据中提取价值"，但"大数据"这个术语并没有得到精确界定。发起研讨会的CATS在过去倾向于使用"海量数据"（massive data）这一术语，即用标准工具无法触及的某种规模的数据。术语"数据分析"和"数据科学"也变得很普遍，它们的内涵似乎更广泛，重点在于利用数据以新的方式为决策提供信息，这些数据可能规模空前，但也可能不是。本次研讨会不是为了探索其中任何一个定义或者提出新的定义。其动力之一在于目前对大数据分析、数据分析或数据科学的意见还很分散。新的研究生计划时常推

---

① 访问硕士数据科学网站 https://www.mastertersindatascience.org/ 了解更多信息。

出，这些计划对这些术语的含义各有见地，尤其是，学生精通数据密集型工作需要了解什么知识。举例来说，数据科学的核心科目是什么？这个研讨会开始回答这个问题。显然，大数据、数据科学或数据分析方面的培训需要至少包括计算机科学、机器学习、统计学和数学在内的多学科基础，并且课程的开发至少应该有这些学科的积极参与。本报告介绍了有关这些内容的各种观点，以及它们与课程和课程体系的融合。

任务陈述

特设委员会针对培养本科生和研究生从大数据中提取价值这一主题将计划和举办一场研讨会。委员会将确定议程，选择并邀请发言者和讨论者，以及协调讨论。研讨会的介绍和讨论旨在让参与者分享以下主题的经验和观点：

- 产业界、政府和学术界中的大数据用户需要掌握哪些当前的知识和技能？
- 学生要掌握哪些知识才能在未来（5～10年）有效利用大数据？
- 课程和培训如何发展，才能更好地让本科生和研究生为大数据做好准备？
- 在典型的学术结构内提供必要的跨学科培训有哪些选择？
- 高校提供有用的培训需要什么样的计算和数据资源？装配基础设施有哪些选择？

尽管本报告对研讨会的总结旨在涵盖学生需要学习的主题，以便他们能够成功利用大数据，但并非要涵盖所有内容。例如，可能取代MapReduce的工具如Spark也许非常重要，正如深度学习方面的进展。大量信息交互以及吸收信息的手段，如可视化工具、迭代分析和人参与回路系统（human-in-the-loop systems），都是至关重要的。数据争辩、清理和整合等基本技能对所有数据科学领域的人都仍将是必不可少的。设计课程和课程体系的教育工作者必须考虑各种技能要求。

本报告由会议记录员编写，作为对研讨会情况的总结。计划委员会的职责仅限于策划和召集研讨会。本报告中的观点是参会者个人的观点，并不一定代表所有参会者、计划委员会或NRC的意见。

1.2 美国在大数据方面的努力

美国国家科学基金会（NSF）的苏珊娜·亚科诺（Suzanne Iacono）介绍了美国在大数据方面的努力、当前的挑战以及NSF赞助该研讨会的动机，为研讨会的进展做了很好的铺垫。她解释说，研讨会是美国国家大数据研发（R&D）计划的产物。联邦政府对大数据感兴趣的原因有三：

- 为了刺激商业和经济。
- 为了加快发现和开展新活动的步伐。
- 为了解决国家在教育、医疗保健和公共安全方面面临的紧迫挑战。

亚科诺称，由于技术、经济和政策利益聚集，现在政府对大数据很感兴趣。技术的进步带来存储成本的降低，所以当今保存数据变得更容易。在政策方面，数据现在被认为是一种资产，政府正在推动有关机构向公众开放数据集。换句话说，数据在使用和工具化方面已经实现了民主化。

亚科诺介绍的一本新书（Mayer-Schönberger & Cukier，2012）概述了当今数据的三个基本变化：

- 数据比以往更多。
- 数据是散乱的，人们必须提高对其不完整性的接受度。
- 数据的相关性可以帮助决策。

然后，她详细介绍了国家大数据研发计划。总统科学技术顾问委员会2010年的一份报告指出，对大数据研发的投资将产生大量回报，但联邦政府对该领域的投入不够充分。一个大数据工作组在机构间的网络和信息技术研发（NITRD）计划下，由科学和技术政策办公室进行管理，负责建立机构活动框架。其结果是，2012年，NITRD机构包括美国国防部高级研究计划局（DARPA）、美国能源部（DOE）科学办公室、美国国家卫生研究院（NIH）和NSF为大数据研发拨款2亿美元。亚科诺进一步展示了推动大数据研发的框架，其中包括以下要素：

- 基础研究。亚科诺强调，这项研究是至关重要的，因为数据正在增加并变得更加多样化。
- 网络基础设施。需要新的和适当的基础设施来管理和组织数据，使之服务于更大的研究社群。
- 新的劳动力和教育方法。

• 新的合作和拓展。

亚科诺指出，政策包含了框架内的所有四个要素。

2013年的白宫备忘录指示分支机构制订计划，增加公众获得联邦政府资助研究成果的机会，包括获取出版物和数据，目前这些计划正在机构层面进行。亚科诺指出，增加获取出版物的机会并不难，因为可以将专业协会和一些政府机构现有的出版物获取方法作为典范。她还指出，NIH的PubMed[①]计划可能是一种有用的模式，因为它共享研究论文。不过，她也指出，访问数据将比获取出版物困难得多，因为每个学科和社区都有自己的实施计划，对数据隐私、存储时间和访问方式将做不同的处理。

亚科诺详细描述了基础研发。她解释说，2012年和2013年，NSF和NIH共授予了45个大数据项目以奖励。其中大约一半与数据收集和管理有关，四分之一与健康和生物信息学有关。其余的分布在社交网络、物质科学与工程、算法和网络基础设施领域。17个机构参与了大数据高级指导小组，每个机构都在实施各自与大数据相关的计划。例如：DARPA实施了三个新计划——大机制、扩展存储器（Memex）和大数据顶点项目（Big Data Capstone）；美国国家标准和技术研究所运营着一个大数据工作组；能源部发起实施一项超大规模的科学倡议；NSF和NIH各自拥有与大数据相关的广泛项目组合。亚科诺强调，大数据是一个全国性的问题，目前工业界和学术界对此有很大兴趣，因此她认为政府应该考虑建立多利益相关者的伙伴关系。

亚科诺讨论了与大数据相关的三个挑战：

• 技术。她强调光靠技术无法解决大数据问题，并引用了最近的几本热门书籍来讨论技术解决主义的荒唐（Mayer-Schönberger & Cukier，2012；Mele，2013；Reese，2013；Schmidt & Cohen，2013；Surdak，2014；Webb，2013）。

• 隐私。亚科诺指出，我们的许多行为——包括购物、搜索和社交互动——现在都被跟踪。她指出，白宫进行了一项为期90天的评估，以审查大数据对隐私的影响[②]。总的来说，亚科诺指出，必须规范的是数据的使用，而不是数据的收

---

① 有关详细信息，请参阅国家生物技术信息中心的 PubMed 数据库 http://pubmed.ncbi.nlm.nih.gov/。

② 这项研究已经完成，可在 2014 年 5 月美国总统办公厅发布的《大数据：抓住机遇，维护价值观》中找到（http://obama.whitehouse.archives.gov/sites/default/files/docs/big_data_privacy_report_may_1_2014.pdf）。

集，要平衡利益，促进数据共享。

• 教育和劳动力。如上所述，根据麦肯锡公司2011年的报告预测，大数据专家队伍将严重短缺。亚科诺指出，《哈佛商业评论》将数据科学列为"21世纪最性感的工作"（Davenport & Patil，2012）。《纽约时报》最近聘请了一位首席数据科学家。亚科诺解释说，结果是必须扩大数据科学的人才库，以满足当前和未来的需求。

亚科诺指出，我们有通过学校课程教育学生的传统方法，但也有其他学习方法。像DataKind和Pivotal这样的公司正在非营利社群中将数据科学家与数据问题进行匹配。如拉伊德·加尼（Rayid Ghani）所述（见本报告第2章），芝加哥大学等高校也在努力将数据科学家与社会公益问题联系起来。亚科诺最后强调了大数据面临的许多机遇和挑战。

1.3 本报告的结构

接下来各章节概述了研讨会的报告和讨论情况。为了方便读者阅读，每一章的开头列出了研讨会发言者的要点。第2章概述了培训的必要性，第3章讨论了使用大数据的原则，第4章重点介绍了与大数据使用配套的课程和课程体系，第5章讨论了共享资源，第6章总结了小组讨论从研讨会中吸取的经验。

2. 培训需求：经验和案例研究

发言者要点

- 学生往往认识不到大数据技术可用于解决涉及社会福利的问题，如教育、卫生和公共政策方面的问题；培育数据科学与社会问题之间关系的教育计划有可能会增加对数据科学感兴趣的学生的数量和类型。（拉伊德·加尼）
- 某些行业需求与相关学术追求之间可能存在不匹配的情况：目前对推荐系统的研究（如离线评分预测）并非总是与重要的行业指标（如销售额和用户参与）高度相关。（盖伊·勒巴农）
- 学术界没有足够的机会去了解工业界的实际数据情境。（盖伊·勒巴农）

大数据在工业界、政府和学术界的应用越来越普遍。受其影响的学科多种多样，如气象学、互联网商务、基因组学、复杂物理模拟、健康信息学以及生物和环境学。第二场研讨会侧重于大数据实际需求的具体实例和案例研究。该场会议由芝加哥大学的约翰·拉弗蒂（John Lafferty）和研讨会组织委员会共同主席、微软公司的拉古·拉马克里希南（Raghu Ramakrishnan）共同主持。芝加哥大学的拉伊德·加尼和亚马逊公司的盖伊·勒巴农（Guy Lebanon）做了专题介绍。

2.1 培训学生进行大数据处理

拉伊德·加尼解释说，他在芝加哥大学创办了一个名为"促进社会福利的数据科学"的暑期课程，该课程旨在告诉学生他们可以将数据科学方面的技能用于解决社会问题，从而影响许多人的生活。他表示，他越来越担心顶尖的技术型学生被雅虎（Yahoo）和谷歌（Google）等营利性公司所吸引，并且认为这些学生认识不到解决教育、卫生和公共政策等方面的问题也需要数据。

加尼展示了芝加哥大学暑期课程的宣传视频，并介绍了申请者的情况。通常，半数申请人是计算机科学或机器学习专业的学生；四分之一是社会科学、公共政策或经济学专业的学生；另外四分之一是统计学专业的学生。大约35%的注册学生是女性（正如加尼指出的，这一比例比计算机科学研究生项目的比例要高）。许多申请者是研究生，大约25%是本科高年级学生。该课程极具竞争力：2013年，有550名申请人竞争36个名额。加尼认为该课程适合那些对数学和科学有着浓厚兴趣且乐于帮助他人的人。一旦入选，学生们就会与导师进行配对，大多数导师是计算机科学家或经济学家，他们有着强大的产业背景。

他解释说，该课程以项目为导向，并基于政府和非营利组织的现实问题。每个项目最初都将一个社会问题映射到一个技术问题，然后学生将学到的知识反馈给机构或组织。加尼强调，除了技术专长外，学生还要具备沟通技能和常识。芝加哥大学的课程是围绕工具、方法和问题解决技能而建立的。该课程现在一直使用Python语言，并且还传授数据库方法。加尼强调要帮助学生学习新的工具和技术。例如，他指出，有些学生只知道回归是评估数据的一种手段，而其他工具可能更适合于海量数据的分析。

加尼介绍了该课程的一个项目范例。亚利桑那的一个学区正经历着一种不匹配情况——也就是说，某些学生有上大学的潜力但没有去上，某些学生有能力去上比他们最终的选择更具竞争力的大学。该学区收集了几年的数据。在一个暑期项目中，芝加哥大学的学生建立了一些模型来预测哪些人将从大学毕业，哪些人将上大学，以及哪些人不太可能申请上大学。根据数据分析情况，该学区已开始进行有针对性的职业咨询计划，并开始干预工作。

2.2 大数据培训需求：经验和案例研究

盖伊·勒巴农首先指出，从大数据中提取价值需要三种技能：计算和软件工程；机器学习、统计和优化；产品意识和认真实验。他强调，很难找到在这三个领域都有专长和技能的人才，而且对这类人才的争夺十分激烈。

勒巴农随后提供了一个关于推荐系统的案例研究。他指出，推荐系统（推荐电影、产品、音乐、广告和朋友等）对产业界很重要。他介绍了一种众所周知的推荐方法，称为矩阵完备化（又称矩阵填充，matrix completion）。在该方法中，做出预测要完成不完全的用户评级矩阵。矩阵完备化有利于低秩（简单的）填充。在高维空间中，利用非线性优化方法可得到最优模型。勒巴农表示，这一概念并不复杂，但执行起来可能很困难。执行时需要了解前面提到的三种情况。具体而言，勒巴农指出以下挑战：

- 计算和软件工程：语言技能（通常是C++或Java）、数据获取、数据处理（包括并行计算和分布式计算）、软件工程实践知识（如版本控制、代码文档、构建工具、单元测试和集成测试）、效率以及软件服务之间的通信。
- 机器学习：非线性优化和实现（如随机梯度下降）、实用方法（如动量和步长选择）以及常见的机器学习问题（如过拟合）。
- 产品意识：用于衡量业务目标的在线评估流程；示范培训；关于历史使用、产品修改和产品遗漏的决定。

勒巴农描述了两个对推荐系统进行学术研究有限制性的问题。这两个问题都与忽略对重要的行业指标有关。首先，学术离线评分预测的准确性与重要的行业指标无关，如销售额和用户参与度的提高。其次，学术界没有足够的机会从产业界获取实际的数据情景。勒巴农认为，学术界无法推动推荐系统的创新；推荐系统方面的研究并非总是可以很好地转化到现实世界，并且预测精度被错误地假定为等同于业务目标。

然后他阐述了Netflix运行的一项挑战。在21世纪初期，Netflix举办了一场开发改良型推荐系统的比赛。它提供了一个匿名的评级数据集，并向顶级团队提供100万美元的奖金。这场比赛促进了研究工作，研究论文和总体兴趣相应增加。然而，德克萨斯大学奥斯汀分校的一群研究人员将Netflix的数据与其他数据结合在一起，成功地实现了去匿名化（deanonymized）。Netflix后来撤回了数据集，现在正面临诉讼。由于这种经历，产业界越来越谨慎地发布任何数据，因为他们担心在无意之中暴露了个人或专有数据，这使得学术界难以及时地进行相关的研究。

勒巴农指出，推荐系统的重要结果是预测用户对具体推荐的反应。为此，人们需要知道用户操作的情境（如时间和位置信息），但是该情境不在匿名数据集中传达。此外，在用户进行单次A/B测试 ① 时发现，在培训和测试数据集方面表现良好的方法在实际环境中却表现不佳。针对这些问题，勒巴农提出了若干新的解决办法：

- 研究现有评价方法与加强用户参与A/B测试之间的相关性。
- 开发新的离线评估，以便更好地考虑用户情况。

---

① A/B测试，正式名称为双样本假设测试，即将两个变体呈现给用户，由用户确定获胜者。

11

• 在最大限度地提高A/B测试性能的可能性中进行有效搜索。

勒巴农称，很少有数据集可公开获取。利用有限的数据，学术研究界可能会将重点放在增量步骤的微小改进上，而不是与数据所有者（即公司）可用的额外情境信息相关的实质性改进上。他指出，现实世界的信息和情境，如用户地址和其他概况信息，可能会被纳入传统的推荐系统。

勒巴农最后简略地讨论了隐式评级。在现实世界中，通常会有隐式的二进制评级数据，例如是否购买过或印象如何。评估这种二进制评级数据需要一套不同的工具和模型，另外，从标准数据集扩展到行业数据集仍然具有挑战性。

3. 处理大数据的原理

发言者要点

- MapReduce 是一种重要的编程方法，专门用于商用硬件的简便并行编程。（杰弗里·阿尔曼）
- 领域科学家和数据科学家之间存在专业知识差距：领域科学家不知道技术上什么是可能的，数据科学家不了解该领域。（朱莉安娜·弗莱尔）
- 数据科学家应具备数据库、机器学习和统计学以及可视化方面的专门知识；找到在这三个领域都有专长的人才是一件很有挑战性的事情，也许是不现实的。（朱莉安娜·弗莱尔及其他讨论参与者）
- 数据准备是数据分析中一个重要的、耗时的且往往被忽视的步骤，而且受过这方面培训的人员太少。（朱莉安娜·弗莱尔）

通过深入了解用于处理大数据的工具和技术，人们可以更好地了解相关的教育和培训需求。第三场研讨会更侧重于探讨如何利用大数据。斯坦福大学的杰弗里·阿尔曼（Jeffrey Ullman）、天树公司的亚历山大·格雷（Alexander Gray）、加州大学戴维斯分校的邓肯·坦普尔·兰（Duncan Temple Lang）和纽约大学的朱莉安娜·弗莱尔（Juliana Freire）做了发言。该场会议由约翰·霍普金斯大学的布赖恩·卡福（Brian Caffo）主持。

3.1 关于 MapReduce 的教学

杰弗里·阿尔曼解释说，MapReduce（Dean & Ghemawat，2004）是一种编程方法，专门用于商用硬件的简便并行编程，有了它，用户不再需要实现并行和故障恢复。MapReduce使用分布式文件系统来复制数据块以防止数据丢失，并且其体系结构使得出现硬件故障时不需要重新启动作业。Hadoop [①]是MapReduce的开源实现，它是谷歌专有的。

---

① 有关更多信息，请参阅 Apache 软件基金会 Apache Hadoop 网站，网址为 http://hadoop.apache.org/。

阿尔曼说，MapReduce由一个映射（map）函数和一个归约（reduce）函数组成。映射函数将单个元素（如文档、整数或信息记录）转换为键值对（key-value pair）。映射任务并行执行；代码被发送到数据，任务在输入块所在的任何位置执行。映射函数被用于所有输入后，键值对按照键（key）排序。归约函数对关联值列表中的单个键进行处理，并且提供一个输出。归约任务也是并行执行，并且每个具有输入列表的键都是独立处理的。

阿尔曼随后介绍了斯坦福大学正在教授的一门数据挖掘课程，在该课程中，学生可以访问亚马逊网络服务（Amazon Web Service，AWS），并且许多学生选择使用Hadoop实现他们的算法。该课程使用包括推特（Twitter）、维基百科（Wikipedia）和其他公司在内的各种来源的真实数据。每个团队由三名学生组成，各团队提出项目，包括要使用的数据集、预期结果以及如何评估其结果。约有十几个团队被选中参加这门课程。

阿尔曼还介绍了2012年研究药物相互作用的一个团队项目。该研究团队利用斯坦福大学医学院的数据，从中提取了3000种药物的记录。他们试图确定药物之间的相互作用，并对每一对药物进行卡方检验。这是一种统计检验，目的是评估数据差异偶然出现的可能性。该团队能够在80种已知药物组合中找出40种导致心脏病发作风险增加的药物。更重要的是，他们发现了两个以前未知但相互作用证据强有力的配对。阿尔曼解释说，该研究团队认识到，为了使问题更容易处理，需要用更少的键（key）和更长的值列表（list of values）来解决问题。他们将药物组合成不同的组，从而减少了比较次数，并相应地减少了所需的网络使用时间。阿尔曼指出，此例说明了通信时间通常是如何成为MapReduce算法瓶颈的。

随后，阿尔曼更广泛地谈到了MapReduce模型的理论。这种模型需要三个要素：

• 归约函数[①]大小：给定归约函数的最大输入数，值列表长度就会有上限。

• 复制速率：映射器在一个输入上生成的键值对的平均数量，可以衡量每个输入的通信成本，通常被用来衡量算法运行所需的时间长度。

• 映射模式：用来说明某个问题的输出如何与输入相关，或者如何将输入分配给一组归约函数。归约函数的输入量不会超过归约函数大小；对于每一个输

[①] 有关更多信息，请参阅 Apache 软件基金会 Apache Hadoop 网站，网址为 http://hadoop.apache.org/。

出，都有一些归约函数接收与其相关联的所有输入。

阿尔曼表明复制速率与归约函数的大小成反比；这迫使对这两个变量进行权衡，并依据归约函数的大小提供复制速率上限。阿尔曼指出，这种逆相关很有道理：当单个归约函数完成更多工作时，需要的并行性就更少，并且通信成本将变得更低。

3.2 大数据机器学习——行业原理

亚历山大·格雷首先简要介绍了机器学习的前三个阶段：人工智能和模式识别（20世纪50—70年代）；神经网络和数据挖掘（20世纪80—90年代）；机器学习与统计学的融合（20世纪90年代中期至今）。格雷认为，我们现在看到的是第四阶段的开始，这一阶段由大数据定义，需要新的可扩展系统加以支持。

格雷解释说，几乎每个行业都有大数据，了解大数据会得到更好的支持。他指出了机器学习是"关键任务"的种种情况；一般而言，这发生在某些极端要求的情况下，如大容量、高速度或极限精准度。格雷描述了大数据的多种应用，包括科学（搜索地球外智能、斯隆数字天空勘测和大型强子对撞机）、医学（降低医疗成本、预测健康 [1] 和早期检测）、金融（改进衍生品定价、风险分析、投资组合优化和算法交易）和安全（网络安全、预防犯罪和反恐）。此外，格雷还提到了一些他认为风险较低的应用程序：推荐（系统）、人脸标签（face tagging）、约会匹配和在线广告。他认为，许多公司将从机器学习中受益，他们将学会竞争并最终生存下去。

格雷随后提到如何最大化预测精准度，并解释说，总体预测误差分解为因使用有限样本、选择模型参数（即算法精度）和选择模型而产生的误差。他指出，通过使用更智能的算法，可以将计算速度提高几个数量级。此外，速度与精度相关，因为速度允许分析师有更多时间探索参数空间。格雷随后描述了弱伸缩（weak scaling）和强伸缩（strong scaling），这是一组高性能计算概念，通过使用更多机器（强伸缩）或花费更多时间（弱伸缩）来管理数据。对于包含数百万条目的数据集，并行可以提供良好的伸缩性，例如，从一台计算机更改为五台计算

---

[1]　"预测健康"的目标是预测未来发生疾病的可能性，以有用的、积极的生活方式降低发病可能性，并监测风险。

机可使计算速度提高5倍。格雷表示，包含数十亿条目的数据集并不少见，他的公司曾与一位拥有数万亿条目数据集的客户合作。他指出，强伸缩和弱伸缩会导致不同的误差。

在讨论算法精准度时，格雷指出随机方法是最优的，但通常不能在一次迭代中达到最优结果。这种类型的计算对于"临时应急"（粗制滥造）的应用程序很有用。在处理模型错误时，格雷强调了解和使用各种模型的重要性，因为最佳模型是在数据集的基础上变化的。他还指出，异常值的处理可以改变分析结果。他指出了以特定数据和特定领域的方法将数据可视化的效用，并指出需要改进探索性数据分析和可视化工具。一位与会者支持使用可视化技术，并强调需要人参与循环（human in the loop）；用户应负责并主动参与可视化，并且这种可视化应使他们增进对数据的理解。

3.3 数据科学方法的原理

邓肯·坦普尔·兰首先列出了数据科学的核心概念，即需要教授的内容：统计学和机器学习、计算和技术，以及每个问题的领域知识。他强调了解释和推理（而不仅仅是方法）在处理数据方面的重要性。从事数据科学工作的学生必须具备广泛的技能，包括了解随机性和不确定性、统计方法、编程和技术，以及在这些方面的实际经验。在进入研究生院学习领域科学时，学生们往往很少上计算和统计课。

然后，兰描述了数据分析管道，概述了数据分析和探索过程示例中的步骤：

- 问一个一般性的问题。
- 细化问题、识别数据并了解数据和元数据。兰指出，人们所使用的数据通常不是针对眼前的特定问题收集的，因此应该去了解原始实验和数据集。
- 访问数据。这与科学无关，但确实需要计算技能。
- 转换数据结构。
- 执行探索性数据分析，以了解数据并确定结果是否可衡量。这是一个关键步骤；兰指出，数据科学家80%的时间都是用于清理和准备数据。
- 执行维数缩减。兰强调，这一步很难或不可能实现自动化。
- 执行建模和估计。兰指出，计算机和机器学习科学家更倾向于将重点放在预测模型，而非物理行为或特征的建模上。

· 执行诊断。这有助于了解模型与数据的拟合程度，并确定异常和需要进一步研究的方面。此步骤与探索性数据分析类似。

· 量化不确定性。兰指出，用统计技术量化不确定性对于理解和解释模型及结果很重要。

· 传达结果。

兰强调，数据分析过程具有高度的交互性和迭代性，并且需要人存在于循环中。只有当前步骤的结果清晰了，数据处理的下一步往往才会清楚，并且经常会发现意想不到的情况。他还强调了抽象技能和概念的重要性，并说人们需要接触到真实的数据分析，而不仅仅是接触使用的方法。数据科学家还需要了解统计学，兰指出的应该教给学生的统计概念有：

· 将一般性问题映射到一个统计框架。

· 推论、取样、偏差和边界的范围。

· 探索性数据分析，包括缺失值、数据质量、清理、匹配和融合。

· 随机性、可变性和不确定性。兰指出，许多学生不懂抽样的可变性。

· 条件依赖和异质性。

· 降维、变量选择和稀疏性。

· 虚假关系和多重测试。

· 参数估计与"黑盒"预测和分类。

· 诊断——残差和比较模型。

· 量化模型的不确定性。

· 抽样结构和数据减少的依赖性。兰指出，当变量不独立、分布相同时，数据建模将变得复杂。

· 统计精准度与计算复杂性和效率的关系。

接着，兰简要讨论了计算的一些实际方面，包括：

· 访问数据。

· 操纵原始数据。

· 数据结构和存储，包括相关数据。

· 所有阶段的可视化（特别是在探索性数据分析和结果传达方面）。

· 并行计算，这对新生来说可能是一个挑战。

• 将高级描述转化为最佳方案。

在讨论中，兰提出了计算可视化方面的统计数据，以统计学和自动化的方式严格审查数据。他解释说，"scagnostics"（该词由scatter plot diagnostics 演变而来，意为"散点图诊断"）是一种数据分析技术，用于从图形上探索变量之间的关系。一套统计测量方法可以表征散点图，并且可以对残差进行探索性数据分析。[1]

一位与会者指出了数据误差（error）和数据错误（blunder）之间的区别。后者是指大的、较易被注意到的差错。该与会者以在船上观测云层为例进行说明；在这种情况下，当观察船只的地点是在陆地而不是在海上，或当船只位置改变太快时，将发生错误。该与会者推测，这种错误可以被概括出来以对有问题的观测进行检测，尽管这些工具需要扩展后才能用于大型数据集。

3.4 处理大数据的原理

朱莉安娜·弗莱尔首先讨论了处理大数据所涉及的任务。她提到了计算研究协会（CRA）[2]关于大数据带来的挑战的报告。CRA还记录了数据分析流程，包括获取和记录，提取、清理和注释，分析和建模，解释。整个流程的简化示意图如图3.1所示。

弗莱尔假定批量计算的缩放并不困难——几十年来人们一直在研究这个问题，并且有基础设施来支持它。但是，人的扩展存在困难；随着数据量的增加，分析人员更难探索数据空间。她指出，从数据到知识的途径是基于人的，并且有许多复杂的因素。

弗莱尔解释说，CRA数据分析流程任务可以分为两类：数据准备（包括获取和记录，提取、清理和注释，整合、汇总和表现）以及数据分析（包括建模和解释）。弗莱尔指出，数据科学包括统计学、机器学习、数据挖掘和可视化，但是在许多机构中，它与机器学习是同义词，这些机构不太重视其他元素。她还指出，数据可视化的重要性日益加强，需要对这方面进行额外的培训。弗莱

---

[1]　关于"scagnostics"的更多信息可以在威尔金森等人（Wilkinson et al., 2005，2006）的成果中找到。

[2]　《大数据带来的挑战和机遇——美国主要研究人员形成的社区白皮书》，http://www.cra.org/ccc/files/docs/init/bigdatawhitepaper.pdf。

尔强调，数据管线是复杂的，图3.1所示的内容过于简单化。例如，流程不是线性的。她还强调研究数据出处的重要性：应了解探索过程的起源，以确保其透明性、再现性和知识重用。她指出，课堂上往往不教数据出处管理（provenance management）。

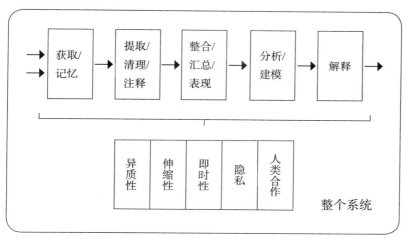

图3.1　大数据分析管线

说明：上半部分为大数据分析的主要步骤，下半部分是使这些步骤具有挑战性的大数据需求。

来源：计算社区联合会，2012 年 2 月。

弗莱尔承认，人们低估了准备数据所需的工作量。很少有人具备准备数据的专长，但实际上对数据准备人才的需求是很大的。相比之下，数据分析方面的专家很多，但这一步骤所需的时间相对较少。她说，数据准备需要很长时间，具有特殊性，可能会限制分析。她还指出，新的数据集会给大数据不断带来新的挑战，并且现有基础架构无法满足诸多需求。

弗莱尔随后提供了一个将数据科学原理应用于纽约市出租车的最新案例。原始数据集包括3年多时间里每天50万次出行合计产生的150GB数据。数据虽然并不庞大，但它们很复杂，并具有空间和时间属性。数据显示了不寻常的规律性；人们可以很容易地看出周末和假日的时间变化。其目标是让市政官员直观地浏览数据。这项工作涉及开发一个时空索引，以外存（out-of-core）的k-d树（Ferreira et al.，2013）和新的交互式地图视图为基础。

弗莱尔表示，领域科学家不知道如何处理他们的数据，技术人员也不了解该领域，因此存在专业知识差距。朱莉安娜·弗莱尔引用亚历克斯·绍洛伊（Alex

Szalay）的话说，理想的科学家是"π形的"（Faris et al., 2011），他们对两个领域都有着深刻的认识并且知道两者之间的联系。弗莱尔认为，尽管数据科学家应该填补专业知识的空白，但实际上一名数据科学家是身兼三职的，他既是数据库专家，又是机器学习和统计学专家，还是可视化专家。她说，计算机科学和数据管理研究失败，一部分原因在于它无法为最终用户创建可用的工具。弗莱尔指出，数据科学问题的复杂性往往被低估。

一位与会者问弗莱尔：在教学生领域科学知识的时候如何培养学生软件方面的知识？她建议为没有计算机科学背景的学生增加一门新课程。她指出，有几个专为理科博士生开设的新兵训练营式项目，但其整体效果还不清楚。

与会者还讨论了对数据分析师的要求，这是邓肯·坦普尔·兰在演讲中讨论的主题。有人认为，弗莱尔所描述的数据库专家、机器学习和统计学专家以及可视化专家也应该对系统和工具有所了解。数据库专业知识还应包括计算环境，而不仅仅是数据库。还有一位与会者将数据分析师描述为"爵士乐演奏者"，而不是"交响乐演奏者"——换句话说，数据分析师应即兴表演并迅速做出决策，但如果分析师对主题不太了解，则无法做到这一点。

一些与会者讨论了工具。有人指出，商业工具（如Spotfire[①]和Tableau[②]）质量很高，并在各种应用中发挥作用。然而，另外一些人回应说，学生需要接受使用这些工具的培训，而且单个工具通常不能解决复杂的数据问题。一位与会者指出，学生负担不起订阅Tableau的费用，并且认为现有的工具应该是开源的，但是开源工具并非总是精心策划的。

[①]　有关更多信息，请参阅 TIBCO 软件公司 Spotfire 网站，网址为 https://www.tibco.com/products/tibco-spotfire。

[②]　有关更多信息，请参阅 Tableau 软件网站，网址为 https://www.tableau.com/。

4. 课程、课程体系和跨学科教育计划

发言者要点

- 训练学生利用数据的长期效果在于使他们掌握一套能在复杂领域中使用的工具。（乔舒亚·布卢姆）
- 新兵训练营式项目和其他短期课程似乎在向领域科学家传授数据计算技巧以及在满足科学界需要等方面取得了成功；然而，悬而未决的问题是如何将这类课程纳入传统教育课程体系。（乔舒亚·布卢姆）
- 教育工作者应谨慎传授数据科学方法和基本原理，避免在未讲授基本概念和理论的情况下进行具体工具的教学。（彼得·福克斯）
- 慕课（MOOCs）是向大众讲授数据科学技术的一个途径；迄今为止，数据科学慕课的参与者往往是计算机科学专业人士，而不是学生。（威廉·豪）

到2014年年底，超过30所重点大学开设数据科学学习计划[①]。现有的和即将开设的新计划为一些高校学习经验以及挖掘潜在的课程和内容模式提供了诸多机会。

第四场研讨会的重点是关于教授大数据概念的具体课程、课程体系和跨学科教育计划。会议由加利福尼亚大学圣巴巴拉分校的詹姆斯·弗鲁（James Frew）主持。在本场会议上，加州大学伯克利分校的乔舒亚·布卢姆（Joshua Bloom）、伦塞勒理工学院的彼得·福克斯（Peter Fox）和华盛顿大学的威廉·豪（William Howe）做了专题介绍。

4.1 领域科学家的计算训练和数据素养

乔舒亚·布卢姆指出，研究生院的目的是培养学生探索科学前沿的能力，使之为未来职业做好准备。长远来看，培训学生利用数据的效果在于能够使他们掌握一套工具，即使他们离开某个特定领域也可以使用这些工具。他指出，现代数

[①] 更多信息请参见硕士数据科学网站，网址为 http://www.mastersindatascience.org/。

据驱动的科学工具非常多，学生要培养科学领域和工具利用两方面的技能。

布卢姆还描述了他所在的天文学领域即将面临的数据挑战。大型天气观测望远镜预计将于2020年开始运作，每3天可观测到8亿天文数据源。需要一个大型计算框架来支持这一海量数据，每晚的运算量可达20TB。射电天文学方面的其他项目也有类似规模的数据产生。

就时域天文学而言，数据科学的一个目标是在提高数据速率的情况下，将人类从实时数据循环中移除。布卢姆解释道，换言之，就是开发一个完全自动化的、最新水平的科学栈（scientific stack）来观察瞬态事件。通常，最大的瓶颈在于原始数据的处理，接下来还有大规模的推理挑战。

布卢姆指出，加州大学伯克利分校的并行计算教学有着悠久的历史。课程主要针对计算机科学、统计学和数学专业学生开设。最近，包含2～3次密集培训的新兵训练营式项目已经开始进行，主要教给学生基本工具和通用框架。伯克利的新兵训练营式项目需要整整3天，每天有6～8次讲课，其中穿插了动手编程部分。布卢姆开始向某些领域科学家——以物理学专业学生为主——讲授计算技巧。他的第一个新兵训练营式项目，内容包括几次全天的动手课程和晚间作业。学生在参加新兵训练营式项目之前需要了解编程语言。在2010年，即新兵训练营式项目开展的第一年，有85位学生参加。到2013年，新兵训练营式项目规模已经超过250位学生。布卢姆使用实时流媒体（live streaming）和存档的课程材料，并且所有这些材料都是开源的。该课程已被推广使用，例如，NASA戈达德太空飞行中心使用他的材料开设了自己的训练营式项目。布卢姆在回答问题时指出：在他的课程中，指导教师会在教室里走动以帮助学生。他认为，90%的互动可以被师生之间的高质量谈话替代；课程所用的时间可能更长，学生必须自主。

布卢姆解释说，参加新兵训练营式项目是伯克利研究生学习Python计算研讨课程的前提。研究生研讨会（seminar）是伯克利天文学系有史以来最大的研究生课程；这表明，研究生对此类课程的需求未得到满足。布卢姆说，新兵训练营式项目和研讨会引发了一系列教育问题的思考：如何引导训练营式项目和研讨会进入传统的科学领域课程？作为高等教育课程的一部分，它们的职业性或实践性是否太强？应该由谁来教？教师应该如何给予学分？在我们教学生大数据技术之前，他们如何能具备更好的数据素养？他强调，本科生层面的教学应当先关注数据素养，然后才关注数据熟练度。一些基本的数据素养包括以下几方面：

• 统计推断。布卢姆认为要学习的不一定是大数据；而是像将一条直线拟合到数据这样简单的需要深入教学的内容。

• 版本控制和重现性。布卢姆指出，一些联邦机构可能会对他们资助的工作的重现性进行授权。

布卢姆认为有一个关于新奇性的问题是：在领域科学中十分新奇的在数据科学方法论中可能不见得新奇。他强调需要了解不同领域的前沿问题，才能发现协同效应。例如：伯克利创建了一个生态系统，以便领域科学家和方法论科学家讨论、寻找合作方式。

布卢姆还指出，数据科学往往是一种包容性的环境，吸引了代表性不足的群体。例如：在Python新兵训练营式项目中，有三分之一的学生是女性，这比在物理科学研究生课程中的比例要高。

布卢姆最后指出，领域科学越来越依赖于方法论能力。高等教育在数据科学培训中的作用仍有待确定。他强调要先关注数据素养再关注数据熟练度，并且鼓励创建包容和合作的环境来建立领域（domain）和方法论（methodology）的联系。

当布卢姆被问及他招收学生的要求是什么时，他回答说这取决于项目。他会考量他们先前研究的成果，甚至是在本科生阶段的研究，以及在编程语言和概念方面的经验。不过，他也指出，不论计算能力如何，一个顶级的领域科学家始终是香饽饽。

一位与会者评论说，研究人员80%的时间投入在数据准备上。这大量的时间其实可以投入在更基本的研究上。布卢姆回应说，像OpenRefine[1]、Data Wrangler[2]和Trifacta[3]这样的公司或产品正在研究数据清洗技术。然而，难以对任何一个非琐碎的问题进行系统化的数据准备。他还建议，从业者应该可以获得大量基础研究。然而，由于隐私和安全性问题，人为生成的、具有重要价值的大规模数据通常是不会流向学术界的。他推测物联网的出现将会使得更多的数据变得更容易获取，因为这些数据和个人无关，不涉及隐私。

---

[1] 更多信息参见 OpenRefne 网站，网址为 https://openrefne.org/。
[2] 更多信息参见斯坦福可视化小组（Stanford Visualization Group）的 DataWrangler[alpha]，网址为 http://vis.stanford.edu/wrangler/。
[3] 更多信息参见 Trifacta 网站，网址为 https://www.trifacta.com/。

4.2 伦塞勒理工学院的数据科学和分析课程发展

彼得·福克斯首先介绍了伦塞勒理工学院（RPI）的多学科研究机构"无线世界星群"（TWC）[①]。TWC的研究主题大致可以分为三个：一是未来网络，包括网络科学、政策和社会问题；二是X信息学，包括数据框架和数据科学；三是语义基础，包括知识起源和本体工程环境。福克斯表示他关注的重点是X信息学。他故意不对X下定义，因为他认为它可以是任何数量的事情。

福克斯解释说，要教数据科学，就必须"拆解"数据科学所依赖的生态系统。数据、信息和知识在数据科学生态系统中都是相关的，但从数据到信息到知识没有线性通路。他解释说，他讲授或参与讲授了数据科学、X信息学、地理信息系统方面的课程，内容涉及科学、语义eScience、数据分析和语义技术等方面。学习这些课程的学生背景各不相同。上学期，他的数据科学课有63名学生（其中大部分是研究生），X信息学课有约35名学生。

福克斯的课程是这样组织的：前半个学期集中于个人工作、获得知识与技能；后半个学期的重点是展示技能和分享观点的团队项目（由他指派团队）。

福克斯解释说，他教现代信息学并辅之以某种方法：基于快速原型法、用于解决科学问题的迭代方法。迭代模型的框架如图4.1所示。福克斯强调，直到该螺旋进行了一半以上，技术才进入该方法；技术是会改变的，因此在接受和利用技术之前传授技能是很重要的。

福克斯解释了NSF编写的一份报告（Borgman et al., 2008），以及一个描述了日益复杂的五代媒介的图表（如图4.2所示）。这五代媒介专门用于学习，但也适用于科学和研究。福克斯认为，与大多数情况不同的是，这五代媒介都出现在学习与教学环境以及科学与研究环境中，并且同样都很活跃。

福克斯解释说，数据分析是RPI的一门新课程，他希望大学里不教先修科目；因此，他的课堂没有先修科目。在同时讲授各种计算机应用语言之后，福克斯现在仅使用R环境和RStudio[②]环境。（学生更喜欢学习单一语言带来的简便性。）数据分析课程从数据开始，到处理、报告、分析，既有预测性也有规范性。

---

① 更多信息参见伦塞勒理工学院网站上对"Tetherless World Constellation"的介绍，网址为 https://tw.rpi.edu。
② RStudio 是一个针对 R 的开源、专业的用户界面，RStudio 网址为 https://www.rstudio.com/。

福克斯解释说，在理想的情况下，当一个人从这一步发展到下一步的时候，价值就增加了。他强调理解数据分析的价值和应用也很重要，而不仅仅是要学习各个步骤。针对后来与会者提出的一个问题，福克斯阐述了学生利用自主选择的、具体应用案例的过程。

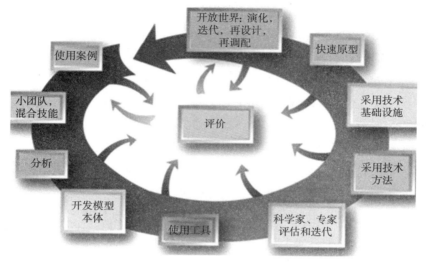

图 4.1　现代信息学框架

说明：直到该螺旋进行了一半以上，技术才进入该方法。

来源：Fox & McGuinness，2008。

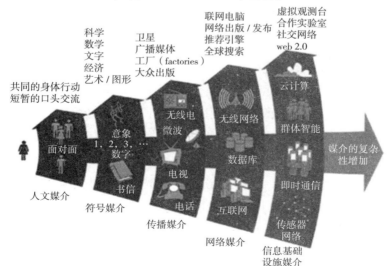

图 4.2　应用到教学环境和科学研究环境中的各代媒介

来源：Borgman et al.，2008。

福克斯然后介绍了RPI的信息技术和网络科学课程。RPI有一个跨学科教育计划，包括一个学士学位（20个关注点）、一个硕士学位（10个关注点）和一个多学科的博士学位[①]。该项目有四条技术路径——计算机工程、计算机科学、信息系统、网络科学——每条路径都有多个关注点。福克斯说，硕士学位培养计划最近经过修订，在核心课程中纳入了数据分析，并且关注点有所更新。他特别提到信息领域的关注点在增加，其目的是每年选定一组海军官员，培养其执行军事网络空间操作所需的技能。

福克斯谈到RPI数据科学研究中心[②]和不那么正式的RPI数据科学教育中心。这两个中心的组织非常松散，超过45名教职员工参与其中。RPI还需要维护基于校园研究的科学数据储存库。

他列举了5年来在这些课程中得到的一些经验：

• 从一开始就是跨学科学习；同时培养技术和数据技能。福克斯指出，一些教学技能（像如何使用专门编程语言巧妙处理数据）可能比较难；技能需要不断加强，他告诫说，教学技能[③]更应该被看作是训练而不是教育。

• 传授方法和原则，而不是技术。

• 数据科学与实验室技能同等重要。

• 合作至关重要，特别是在信息学方面。

• 基础和理论教学。

福克斯表示，数据访问过程从"提供者—用户"到"机器—用户"再到"机器—机器"一直在进步；数据访问和可用性的责任从用户转移到提供者。目前的研究资助模式是：收集数据，手动分析数据数年，然后公布结果。尽管在研究中这一范式还较为适用，但福克斯指出，它未能反映新信息时代固有责任的变化，即在新信息时代，数据访问的责任从用户转移到了提供者。

福克斯设想，随着研究人员将数据使用变得像利用其他工具一样平常起来，数据科学和元数据将在10年内过时。

乔舒亚·布卢姆认为福克斯的演讲并没有提及所谓的"大数据"。对此，福克斯指出，他没有将大数据和数据区分开来，然而，他承认，作为一个实际问

---

① 更多信息参见 RPI 信息技术与网络科学网站，网址为 https://science.rpi.edu/itws。

② 更多信息参见 RPI 数据科学研究中心网站，网址为 http://dsrc.rpi.edu。

③ 更多信息参见 RPI 的数据服务模块，网址为 https://data.rpi.edu/xmlui。

题，规模、异质性和结构表征将成为学生学习过程的一部分。

4.3 首门数据科学慕课的经验

　　威廉·豪说，华盛顿大学于2008年创办了eScience研究所。该研究所由戈登和贝蒂·穆尔基金会以及阿尔弗里德·斯隆基金会资助，目前与加州大学伯克利分校和纽约大学等建立跨机构合作关系，以推进新的数据科学技术发展，促进合作并创造一种跨校区的数据科学环境。其战略是在数据科学方法论研究人员和领域科学研究人员之间建立一个"良性循环"。eScience研究所致力于建立和加强双向联系，并以六个工作组作为纽带。其中一个是教育和培训工作小组。

　　豪解释说，教育和培训工作小组关注提高学生和从业人员的数据科学技术的不同方法。通过工作小组的努力，eScience研究所开发了一种针对从业人员的数据科学认证方式，一个大数据方面的跨学科博士点，一系列新的入门课程，一个数据科学硕士点申报计划，以及一门"数据科学导论"慕课。豪详细介绍了自己关于慕课开发和教学方面的经验。他认为慕课教学涉及大量的工作，而课程也在不断发展。慕课的目标是将数据库、统计学、机器学习和可视化等一系列重要主题组织到一门入门课程中。他展示了有关数据科学慕课的一些统计数字如下：

　　• 超过11万名学生注册了该课程。豪指出，这个统计数据不具有特殊相关性，因为许多注册了慕课的人不一定会真正参加。

　　• 约有9000名学生完成了课程作业。豪认为这是在慕课上花了时间学习的人数。

　　• 约7000名学生通过了课程，并获得了证书。

　　他解释说，该课程有一个不错的论坛。许多问题都会在论坛上提出来，它具有自我维持的机制；他试图回答那些提出的问题，但发现其他参与的学生已经在第一时间对这些问题做了解答。

　　他九周的慕课教学大纲包含以下主要元素：

　　•"数据科学"的背景与范围。

　　• 大规模的数据操作。

　　• 分析。豪用一周时间讲授所选的统计概念，再用一周时间讲授机器学习概念。

27

- 可视化。
- 图表和网络分析。豪说这是一个单一的短模块。

豪解释说，选题的动机在于发展课程的四个维度：工具与抽象（偏重于抽象），桌面（desktop）与云（偏重于云），黑客与分析员（两者平衡，但可能略微偏重于黑客），数据结构和编程与数学和统计（偏重于结构）。

他针对他的慕课参与者进行了一项调查，发现大多数人都是专业的软件工程师，这和其他慕课一样。他认为，也许一门慕课可以像教科书一样使用，教师让学生看一些讲座并跳过其他内容，就像他们学习一本书的某章节一样。

他解释说，由线上和线下两种要素组成的教学策略有两种可能的方法：①相同的课程以在线和当面两种方式同时提供；②以在线内容作为教科书，将课堂时间用于实际应用（将家庭作业和课堂作业的传统角色并列）。这两种教学策略都有实例，究竟哪种会占主要地位还未可知。他还重申了慕课中学生与学生之间相互学习的重要性。

在讨论期间，一位与会者询问了理解编程基础的重要性，并建议向较年轻的学生如高中生讲授算法和数据结构。（最后一点在与会者之间产生了一些分歧。有人认为即使是小学生也是合适的，而有人担心这可能会影响学生学习微积分和其他重要的工程数学课程。）豪回答说，计算机科学的本科生招生人数每年增长了大约20%，统计学的招生人数也在增加。学生们明白他们在本科阶段要掌握的核心概念。

一位与会者询问了大数据方面的其他成功的慕课案例。豪回答说，他只有轶事证据。乔舒亚·布卢姆附议时说一位曾参加伯克利的数据科学新兵训练营式项目的研究生进行了大规模并行计算工作，最后他形成了一篇具有重要影响的学术论文（Petigura et al.，2014）。

5. 共享资源

发言者要点

- 领域科学的综合知识库，如斯坦福大学的 PaleoDeepDive 系统，可以通过自动抽取科学期刊中的数据来开发。（克里斯托弗·雷）
- 划分和重组方法是分析人员对数据进行深入检查的有力工具，分析人员不需要复杂的编程或深刻理解就可以使用这些系统。（比尔·克利夫兰）
- 雅虎的 Webscope 是一个大型、科学有用的图书馆，提供公开可用的数据集供研究人员使用。（罗恩·布拉赫曼）
- 亚马逊 Web 服务（AWS）以各种模式（公开、请求者付费、私人或社区）提供大型数据集，促进大规模数据共享。AWS 还提供数据计算工具、培训计划和资助。（马克·莱兰）

第五场研讨会由领英公司（LinkedIn Corporation）的迪帕克·阿加瓦尔（Deepak Agarwal）主持。本场有四位演讲者：斯坦福大学的克里斯托弗·雷（Christopher Ré）、普渡大学的比尔·克利夫兰（Bill Cleveland）、雅虎实验室的罗恩·布拉赫曼（Ron Brachman）和亚马逊公司的马克·莱兰（Mark Ryland）。

5.1 知识库有助于促进科学进步吗？

克里斯托弗·雷聚焦于与数据科学有关的主题：知识库。他首先介绍了斯坦福大学在知识库方面的经验。雷解释说，总体来看科学发现都会发表并进行传播。随着电子书的出现，科学思想库比以往任何时候都更容易获得。不过，他警告说，人们仍然受到眼睛和脑力的限制。换句话说，整个科学知识库是可访问的，但不一定易读。

雷指出，今天的科学问题需要宏观的知识和大量的数据，例如：健康问题（特别是人的健康）、金融市场、气候、生物多样性。雷以生物多样性为例进行说明：从广义上说，生物多样性研究涉及从不同学科汇集有关地球的信息，以估

29

计物种的生存状况。他解释说，这是"手动构建"的数据——研究人员必须通过审查和核校来自个别研究的信息后输入数据。手动构建数据库非常耗时；今天的数据来源，使得这种构建方式超出了一般研究资助的时间范围。雷设想，使用基于样本的数据，并将其进行综合是解决某些领域许多重要问题的唯一方法。合成基于样本数据的系统可以"读取"期刊文章并自动从中提取相关数据。他表示"阅读"机器可能会逐渐流行，相关公司有万国商业机器公司（IBM）、谷歌（Google）、必应（Bing）和亚马逊（Amazon）等网络公司。这些机器的概念可以扩展到特定的科学领域。流行领域的应用更加要求高质量的阅读，因为在科学数据库中，错误带来的伤害可能会更大。

雷介绍了他与斯坦福大学地质学家沙南·彼得斯（Shanan Peters）合作开发的一个系统PaleoDeepDive[①]。PaleoDeepDive的目标是通过从研究论文中提取古生物事实，来建立覆盖率更高的化石记录。该系统将研究论文中的每个字符、单词或片段作为变量，然后对研究论文中定义的数十亿个变量进行统计推断，以得出生物研究和地质研究之间的关系。该系统已运行大约6个月，提取的初步关联结果显示精确度约为93%；雷认为这是一个优秀的成果。

雷随后指出了领域科学家在综合知识库方面面临的挑战：

• 学生没有接受过合成数据集的训练。雷指出这一情况可能会得到改变，例如：芝加哥大学在其核心课程中加入了这种训练。斯坦福大学有关于如何使用PaleoDeepDive的地球科学课程。

• 学生缺乏计算机科学和数据管理方面的技能。雷表示这一情况也可能发生变化；现在，斯坦福大学90%的学生至少参加一门计算机科学课程。

• 有些人对人造合成物持怀疑态度。雷指出，随着统计方法的强化，这一情况也在变化。

雷指出了计算机科学家在综合知识库方面面临的挑战：

• 找到合适的抽象级别。雷有一个设想，他认为很多有趣问题的解决都将得益于综合知识库的使用。但是，PaleoDeepDive不一定可扩展或适用于其他学科。

• 识别感兴趣的特征。雷指出，计算机科学家是专注于算法的而不是特征（features）的。然而，综合知识库是基于特征的，需要事先了解从数据集中寻求什么。

---

① 更多信息参见 DeepDive 网站，网址为：http://deepdive.stanford.edu/。

一位与会者指出，干扰信息，包括拼写错误的词和多义词，是光学字符识别（OCR）系统的常见问题。雷承认，OCR可能面临挑战性，即使是最先进的OCR系统也会出现很多错误。PaleoDeepDive使用统计推断，并通过将开源资源联合在一起以及使用概率性输入来改善OCR系统的识别问题。雷表示斯坦福大学将会开发一系列工具来协助OCR系统。

5.2 大型复杂数据的划分和重组

比尔·克利夫兰解释了大数据划分和重组的目标：

• 使用不需要减少维度的方法和环境来分析尽可能高粒度级别的数据。数据分析可能包括可视化。

• 在前端，分析员可以使用一种语言进行数据分析，从而使数据合适并使系统有效。

• 在后端，分析员无须参与计算细节就可以访问和使用分布式数据库。

• 在计算环境中，可以使用多种机器学习和可视化方法。

• 软件包支持前端和后端之间的通信。

• 该系统可以被持续用来分析大型复杂的数据集，促进新想法，以及充当测试平台。

克利夫兰接着描述了划分和重组的方法。他解释说，首先采用划分方法将数据划分为子集，然后用以下其中一种分析方法来处理子集：

• 数量—分类方法。分析方法被用于每个子集，而不同计算之间互不通信。此方法以数量或分类的方式输出。

• 可视化。即数据被组织成图像。通过这种方法输出的是平面图（plots）。此方法不可能检查所有的平面图，因此要对图像进行采样。应严格执行这一操作；通过计算变量（每个子集有一个值），来开发采样计划。

克利夫兰描述了几种特殊的划分方法。第一种方法是条件变量划分，即研究者根据主题事件划分数据，而不考虑子集的大小。这是在统计学、机器学习和可视化中被广泛使用的一种实用方法。第二种方法是重复划分，即观察是可交换的，并且不使用条件变量。该划分方法的依据是统计学原理而不是主题。克利夫兰说，统计学划分和重组方法对划分和重组结果的准确性有着巨大影响。其统计精度通常低于其他直接的方法。然而，克利夫兰指出，这是为简化计算付出的小小代价；统计计算（statistical computation）涉及子集不能超过一次。克利夫兰认为这个过程不是MapReduce；划分和重组方面的统计方法揭示了将数据分成子集并重新将其组合在一起是最佳方法。

克利夫兰解释说，划分和重组方法使用R作为前端，这使得编程效率更高。R节省了分析人员的时间，尽管它比其他方法要慢。它拥有一个大型的支持用户社区，并且统计包可以很容易被使用。在后端，Hadoop被用于开启并行计算。分析人员在R中指定了具有特定结构执行分布计算的代码。分析方法被用于每个子集或每个样本。分析人员还指定了重组方法。克利夫兰解释说，Hadoop能够有效地安排微处理器。计算由映射器完成，每个映射器为每个子集分配一个核心（core）。执行重组的归约（reducers）也是如此。克利夫兰说调度的可能性是很复杂的。他还指出这种技术与当前流行的高性能计算系统截然不同。在高性能计算应用程序中，预留时间是用于批处理的；这适用于模拟（其中的步骤序列是提前知道并且独立于数据的），但它不适用于大数据的持续分析（这个过程是迭代的、适应性的并且取决于数据）。

克利夫兰描述了前端和后端之间的三个划分和重组软件组件。它们支持R和Hadoop之间的通信从而使编程变得简单，并将分析人员与Hadoop的细节隔离开来。它们都是开源的。

• R和Hadoop集成编程环境（RHIPE ①）。这是GitHub ②上的一个R包。克利夫兰指出，对于某些操作系统来说，RHIPE可能太费劲了。

• Datadr ③。这是一个用于划分、重组和执行其他数据操作的简单接口，它带有一个通用的MapReduce接口。

• Trelliscope ④。这是一个网格显示可视化框架，用于管理布局和规格；它将网格显示扩展到庞大而复杂的数据。

---

① 更多信息参见普渡大学统计学系的"划分和重组"，网址为 http://www.datadr.org/。
② 更多信息参见 GitHub 公司 R 和 Hadoop 集成编程环境网站，网址为 https://github.com/saptarshiguha/RHIPE/。
③ 更多信息参见 Tessera，"datadr: R 软件中的除法和重组"，网址为 http://hafen.github.io/datadr/。
④ 更多信息参见 Tessera，"Trelliscope: R 软件中大型复杂数据的详细可视化"，网址为 http://hafen.github.io/trelliscope/。

克利夫兰解释说：划分和重组方法最适合分析师进行深度数据审查。由于R是前端，R用户是主要受众。克利夫兰强调，就计算来说，数据集的复杂性比整体规模更关键；然而，规模和复杂性往往是相关的。

克利夫兰在回答听众提问时表示，采用这些方法来训练那些即使对计算机科学和统计学不太熟悉的学生也不难。他说编程并不复杂，然而，分析数据可能很复杂，而且这往往是最大的挑战。

5.3 雅虎的 Webscope 数据共享计划

罗恩·布拉赫曼在演讲之始提到2006年的一次事件，当时美国在线公司（AOL）发布了一个搜索查询高达2000万次的大型数据集以供公众访问和研究。不幸的是，许多搜索中都存在可识别的个人信息，这使得辨识个人及其网络活动成为可能。布拉赫曼说在不止一个案例中，外界可以通过利用外部可用数据的交叉引用搜索记录来识别特定的个人。AOL最后撤回了数据集，但这一事件在整个互联网行业引起了震动。其时雅虎有兴趣为学者创建数据集，但这一事件造成了雅虎开局缓慢。然而，雅虎坚持采取重要措施来保护隐私，并开发了Webscope[①]数据共享计划。Webscope是一个包含有趣且科学有用的数据集的参考库，需要许可协议才能使用这些数据；该协议并不烦琐，但是包含了用户必须同意不对数据进行识别个人的反向工程（reverse engineer）的条款。

布拉赫曼表示，雅虎刚刚发布了第50个Webscope数据集。Webscope的数据已经被下载了6000次以上。Webscope提供各种数据类别，包括：

• 语言和内容。可用于研究信息检索和自然语言处理算法，并包含来自雅虎问答（Yahoo Answers）的信息。（这类数据占42%）

• 图表和社交数据。可用于研究矩阵、图形、聚类和机器学习算法，并包含来自雅虎即时通（Yahoo Instant Messenger）的信息。（占16%）

• 评级、建议和分类数据。可用于研究协作过滤、推荐系统和机器学习算法，并包含有关音乐、电影、购物和Yelp网站的信息。（占20%）

• 广告数据。可用于研究拍卖和市场的行为及激励。（占6%）

• 比赛数据。（占6%）

---

① 更多信息参见 Yahoo! Labs 的 Webscope，网址为 http://webscope.sandbox.yahoo.com。

• 计算系统数据。可用于分析不同类型计算机系统体系结构（如分布式系统和网络）的行为和性能，并包含来自雅虎Sherpa数据库系统的数据。（占6%）

• 图像数据。可用于分析图像和注释，对图像处理研究很有用。（低于4%）

布拉赫曼解释说，在很多情况下，点击同意协议就可访问数据，并且可以通过互联网下载这些数据。但是，随着数据库规模的增加，下载变得不切实际。雅虎一直在要求通过邮件发送至硬盘驱动器；但现在，它正在亚马逊网络服务（AWS）上托管它的一些数据库。

布拉赫曼在回答问题时解释说，每个数据集都附有解释内容和格式的文件。他还表示，Webscope提供的数据通常较旧（大约一两年前），这也是雅虎将其用于学术研究的原因之一。

在被问到有没有一种模式是在Webscope的两个极端（合同和保密协议与开源）之间时，布拉赫曼说他认为这两个极端都是成功的模式，它们之间的中间地带还有待探索。一种选择是使用可信的第三方来保存数据，就像宾夕法尼亚大学的语言数据联盟的数据一样[①]。

5.4　资源共享

马克·莱兰解释说资源共享意味着两件事：一是允许共享的技术功能（如云资源）；二是经济实惠的共享，即如何通过共享降低成本。AWS是一个两者兼具的系统。它是一个云计算平台，由远程计算存储和服务组成，拥有三类产品的大规模数据集。

第一种是公开免费获取的数据集。这些数据集由社区广泛关注的免费数据组成，包括雅虎Webscope数据、由开源社区收集的通用爬虫网络数据（240TB）、地球科学卫星数据（来自NASA的40TB数据）、1000个基因组数据（来自美国国家卫生研究所的350TB数据）等等。莱兰表示，在基因组数据公开存储在云之前，只有不到20位研究人员在利用这些数据集。现在，因为数据访问得到改进，超过200位研究人员正在使用基因组数据。

第二种AWS数据产品是请求者付费的数据。这是一种费用分摊形式，向用

---

① 更多信息参见宾夕法尼亚大学语言数据联盟的"语言数据联盟目录"，网址为 https://catalog. ldc. upenn.edu/。

户收取数据访问费用，但数据存储费用由数据所有者承担。它非常受欢迎，AWS
有意扩大该计划，但效果可能并不像AWS预想的那样。

第三种AWS数据产品是社区和私有的。在该模式中，AWS可能不知道共享
了哪些数据。数据所有者控制着数据访问。莱兰解释说，AWS提供身份控制和
身份验证功能，包括网络身份联盟（Web Identity Federation）。他还介绍了一种
面向科学的数据服务（Globus ①），该服务的提供是基于云服务来进行定期或偶
发的数据传输。他解释说，围绕数据共享的生态系统正在创建中。

共享也发生在计算中。莱兰指出，人们正在通过嵌入工具和数据开发亚马逊
云机器镜像（AMI）。他举了几个例子，包括神经影像工具和资源交流中心以及
Linux科学工具。莱兰表示，现有的许多大数据工具，其中有些是商业化的，有
些是开源的。通过AWS访问时，使用商业工具更加划算，因为用户可以通过按
时付费的方式访问所需的工具。莱兰还指出，AWS不限于单个计算节点，它还包
括集群管理（cluster management）、云形成（cloud formation）和跨云容量（cross-
cloud capacities）。AWS还使用现货定价（spot pricing），允许人们针对计算资源
的附加容量进行出价。这使得用户有机会低成本访问计算资源，但资源不可靠；
如果其他人出价更多，则容量可以被拿走并重新分配。莱兰提醒道，项目必须
分批次，并且要做好进度评估。例如，MapReduce的设计使计算节点可以出现和
消失。

莱兰解释说，AWS提供了许多其他的管理服务，并提供了更高级的应用程
序接口。其中包括Kinesis ②（用于大规模数据流）、Data Pipeline ③（托管数据中心
工作流）和RedShift ④（数据仓库）。

莱兰说，AWS有一个资助学生、教师和研究人员的计划。AWS非常渴望参
与到数据科学界，建立一个教育基地并为其带来益处。莱兰指出，AWS对学生
的资助比例很高，也有一定数量的教学资助，但很少有研究资助。然而，一些研
究资助的金额是很高的。除了补助金之外，AWS还提供现货定价、批量折扣和

---

① 更多信息参见芝加哥大学计算研究院和阿贡国家实验室的"Globus"，网址为 https://www.
globus.org/。
② 更多信息参见 AWS 的"Amazon Kinesis"，网址为 https://aws.amazon.com/kinesis/。
③ 更多信息参见 AWS 的"AWS Data Pipeline"，网址为 https://aws.amazon.com/datapipeline/。
④ 更多信息参见 AWS 的"Amazon Redshift"，网址为 https://aws.amazon.com/redshift/。

机构合作定价。通过合作定价，合作成员可以获得共同定价；AWS计划增加合作定价项目。

莱兰解释说，AWS以在线培训视频、论文以及自定步调的动手实验室方式来提供教育和培训。AWS最近推出了收费培训课程。莱兰表示，AWS有兴趣与社区加强合作，汇总开源资料和课程。在回答一个问题时，莱兰表示亚马逊提供的指南是关于如何使用亚马逊工具（如RedShift）的，并且该指南是面向产品的，尽管这些概念有点泛泛而谈。他表示，该指南并非旨在创收，AWS乐于与社区合作以开展最合适的课程。

与会者认为，先进的工具（如AWS工具）使学生能够利用系统进行大规模计算而不必完全理解其工作原理。莱兰回应说，这是计算机科学的一种模式：形成一种新的抽象层次，开发一种编译工具。云就是一个例子。莱兰提出，预编译工具应该能够覆盖80%或更多的使用案例，但是一些研究人员仍需要更深入的访问数据。

6. 研讨会总结

在研讨会的最后，卡内基梅隆大学的罗伯特·卡斯（Robert Kass）主持了一场终极小组讨论会。与会嘉宾包括加州大学圣巴巴拉分校的詹姆斯·弗鲁，领英公司的迪帕克·阿加瓦尔，Dstillery公司的克劳迪娅·佩里奇（Claudia Perlich），微软公司的拉古·拉马克里希南和芝加哥大学的约翰·拉弗蒂。嘉宾和与会者都受邀对研讨会进行评论。最后他们的评论集中在四个方面：学生类型、组织结构、课程内容以及从其他学科学到的经验。

6.1 教谁：大数据教学的目标学生类型

罗伯特·卡斯首先指出，从研讨会可知潜在学生有许多类型，并且每一类都会有不同的培训挑战。一位与会者认为，企业管理者需要更好地了解大数据的潜力和现实，以提高沟通质量。另一位发言人指出，年长的学生之所以受大数据教学吸引，可能是因为他们要弥补缺失的技能。还有人建议推动高中的大数据教学。一些与会者认为，除年龄和水平之外，学生的背景是关键因素。例如，学生是否具有计算机科学或统计学背景？与会者频繁提到与大数据相关的三个主题：计算、统计和可视化。这三个领域的背景知识对学生学习的影响最大。

6.2 如何教：大数据教学的结构

许多与会者讨论了教育产品的类型，包括慕课、证书课程、学位授予项目、新兵训练营式项目和个人课程。与会者指出，与学位授予项目不同的是，证书课程通常只需要花费学生少量时间。一位与会者提出了一种由一门数据科学导论课程和三四门计算、统计及可视化领域课程组成的教学结构。有人指出，加州大学圣巴巴拉分校在信息技术和技术管理方面有类似的"重点"计划。这些计划之所以受到追捧，是因为学生希望展示出他们的知识广度。然而，数据科学面临的情况是这样的：学生可能希望利用数据科学来推进领域科学。其结果是，数据科学的证书课程模式未必有很大的需求，因为学生更在意的是学习数据科学的价值，而不一定要官方认可证书。

一位与会者重申了乔舒亚·布卢姆在演讲中提出的将数据素养与数据熟练度分开的建议。数据熟练度要求对计算、统计、可视化和机器学习进行数年的专门研究。学生在获得领域科学学位时可能难以完成任务。相比之下，数据素养可能对许多拥有科学学位的学生有显而易见的好处，并且更容易获得。一位与会者提出了一门针对本科生的数据科学导论课程，其重点是以提高数据素养为目的的基础教育和鉴别。

与会者讨论了在高校的多门学科中协调数据科学教学的重要性。例如，一位与会者指出，卡内基梅隆大学拥有多个与数据科学相关的硕士学位（多达9个）。每个相关学科如计算机科学和统计学都提供硕士学位。行政结构可能会被架空，从而难以开发多学科项目。另一位与会者认为，内在跨学科研究领域并不适合在单一部门内设计学位，并建议跨部门成立工作团队来共同制定学位项目。还有一位与会者提议研究卡内基梅隆大学的数据科学硕士学位，探讨常见的教学主题，这些主题可能是构成数据科学的真正子集。

与会者指出，鲜有机构设有9个有竞争力的硕士项目；事实上，大多数机构连一个都还没开发出来。他告诫说，如果没有就数据科学学习计划的内容达成共识，那么每一所学校内都可能会有相互竞争的计划，而不是一个综合计划。与会者强调，我们要了解数据科学的核心要求以及大数据如何适应数据科学。

有人指出了基础课程的重要性，如慕课、单门课程和系列课程，以便为希望钻研数据科学的学生提供帮助。另一位与会者指出，慕课和训练营式项目是相反的：慕课规模大且虚拟，而新兵训练营式项目紧凑且注重亲身实践。作为非传统的证书，两者各具价值。

盖伊·勒巴农指出，业界发现数据科学计划的最终结果是不一致的，因为它们分布在不同的部门，而这些部门的重点不尽相同。因此，行业可能并不确定毕业生掌握了哪些知识。制定一套可以在多个机构中使用的标准可能会有帮助。

拉古·拉马克里希南表示，不能将现有计划中的现成课程拼接在一起形成数据科学课程体系。他建议制定一系列可能的先修科目；否则，学生将无法按顺序完成他们所需的课程。

6.3 教什么：大数据教学的内容

对此问题的讨论始于一位与会者指出不可能就具体主题达成一致。然而，他提出要关注学生对教育结果的期望。另一位与会者认为学习领域是众所周知的（通常包括数据库、统计学和机器学习以及可视化），但各领域的具体关键组成部分是未知的，这些是形成课程体系所必需的。

一些与会者指出了团队项目对教学的重要性，特别是组建具有不同背景学生（如领域科学和计算机科学）团队的重要性。团队项目着重于培养创造力并鼓励对数据问题的新思考。一些与会者强调了利用真实世界数据的重要性，包括错误、缺失数据和外部信息。在某种程度上，数据科学不仅仅是一门科学，更是一种技巧，因此培训得益于跟真实世界项目的融合。

一位与会者表示美国统计协会委员会已经成立，他们将为统计数据科学计划提出数据科学教育模式；该模式可能包括优化和算法、分布式系统以及编程。然而，其他与会者指出这个委员会在课程开发时缺少计算机科学专家的加入，这可能会改变其重点。

一位与会者提议将数据安全和数据伦理纳入数据科学课程。

几位与会者讨论了数据科学教学与大数据教学的不同之处。有人指出，当数据进入大数据体系时，数据科学并没有改变其原则，只是每个步骤所采用的方法可能略有不同。邓肯·坦普尔·兰表示，使用大型数据集时，我们很容易陷入细节之中，而此时如何解决问题变得更加重要。

拉古·拉马克里希南建议在计算机科学中包含算法和分析。他指出尽管在特定工具（如R、SAS或SQL）的基本教学中会传授实用技能，但一项工具的教学可能会与基本原理的教学产生冲突。他赞同在数据科学学习中添加项目元素的想法。

6.4 来自其他学科的经验

与会者在其他领域中讨论的两个例子可以为数据科学界提供借鉴：

• 计算科学。一位与会者指出，计算科学是25年前的一个新兴领域。跨学科的学术课程似乎能够为社区提供最好的服务，尽管这种模式并不适用于所有高校。与会者特别讨论了马里兰大学如何构建其计算科学教学体系，该教学体系由核心课程和由领域内院系管理的学位组成。核心课程在众多院系共同列出。该模式不需要新聘请教师，也无须进行重大重组。

• 环境科学。与会者讨论了用于环境科学的教育模式。该模式开发了跨学科硕士教育计划，以便学生获得相关科学领域（如地理学、化学或生物学）的硕士学位。该计划涉及核心课程、研究项目、团队教学和学术日历的创造性使用，为学生提供获得环境科学学位的多种途径。

（来源：National Research Council et al., 2015. *Training Students to Extract Value from Big Data: Summary of a Workshop*. Washington, D.C.: National Academies Press. 翻译：何秀、储昭卫；校对：何秋琳。）

参考文献

Borgman, C., Abelson, H., Dirks, L. et al., 2008. Fostering learning in the networked world: The cyberlearning opportunity and challenge. Report of the NSF Task Force on Cyberlearning. Washington, D.C.: National Science Foundation. https://www.nsf. gov/pubs/2008/nsf08204/nsf08204.pdf.

Davenport, T. H. and Patil, D.J., 2012. Data scientist: The sexiest job of the 21st century. *Harvard Business Review*, 90(10): 70-76.

Dean, J. and Ghemawat, S., 2004. MapReduce: Simplified data processing on large clusters. *Proceedings of the Sixth Symposium on Operating Systems Design and Implementation.* https://www.usenix.org/legacy/publications/library/proceedings/ osdi04/tech/dean.html.

Faris, J., Kolker, E., Szalay, A. et al., 2011. Communication and data-intensive science in the beginning of the 21st century. *OMICS: A Journal of Integrative Biology*, 15(4): 213-215.

Fox, P. and McGuinness, D.L., 2008. TWC semantic web methodology. https://tw. rpi. edu/web/doc/TWC_SemanticWebMethodology.

Ferreira, N., Poco, J., Vo, H.T. et al., 2013. Visual exploration of big spatio-temporal urban data: A study of New York City taxi trips. *IEEE Transactions on Visualization and Computer Graphics*, 19(12): 2149-2158.

Manyika, J., Chu, M., Brown, B. et al., 2011. Big data: The next frontier for innovation, competition, and productivity. https://www.mckinsey.com/business-functions/ mckinsey-digital/our-insights/big-data-the-next-frontier-for-innovation.

Mayer-Schönberger, V. and Cukier, K., 2012. *Big Data: A Revolution That Transforms How We Work, Live, and Think.* Boston, MA: Houghton Mifflin Harcourt.

Mele, N., 2013. *The End of Big: How the Internet Makes David the New Goliath.* New York: St. Martin's Press.

National Research Council, 2013. *Frontiers in Massive Data Analysis.* Washington, D.C.: The National Academies Press.

Petigura, E.A., Howard, A.W., and Marcy, G.W., 2014. Prevalence of Earth-like planets orbiting Sunlike stars. *Proceedings of the National Academy of Sciences*, 110(48): 19273.

President's Council of Advisors on Science and Technology, 2010. Federally funded research and development in networking and information technology. Executive Office of the President, Washington, D.C.

Reese, B., 2013. *Infinite Progress: How the Internet and Technology Will End Ignorance, Disease, Poverty, Hunger, and War*. Austin, Texas: Greenleaf Book Group Press.

Schmidt, E. and Cohen, J., 2013. *The New Digital Age: Reshaping the Future of People, Nations and Business*. New York: Knopf Doubleday.

Surdak, C., 2014. *Data Crush: How the Information Tidal Wave Is Driving New Business Opportunities*. Saranac Lake, N.Y.: AMACOM Books.

Webb, A., 2013. *Data, a Love Story: How I Gamed Online Dating to Meet My Match*. New York: Dutton.

Wilkinson, L., Anand, A., and Grossman, R., 2005. Graph-theoretic scagnostics. *IEEE Symposium on Information Visualization*. https://www.researchgate.net/publication/4187799_Graph-theoretic_scagnostics.

Wilkinson, L., Anand, A., and Grossman, R., 2006. High-dimensional visual analytics: Interactive exploration guided by pairwise views of point distributions. *IEEE Transactions on Visualization and Computer Graphics*, 12(6): 1363-1372.

II
21 世纪的信息物理系统教育

导　语

　　信息物理系统（CPS）是构建于并依赖于计算机算法和物理组件之无缝集成的工程系统①。CPS 越来越多地被用于去实现各领域的产品、系统和基础设施的功能和价值，如运输（包括航空、公路、铁路和海上运输），卫生保健，制造和能源网络等领域。CPS的进步可以造就快于人类沟通和响应速度（如汽车自避碰）或更加精确（如机器人外科手术）的系统，能更好地控制和协调大型系统（如电网或交通管理系统），还能提高系统（如智能建筑）的效能，并能促使诸多科学领域取得进步（如可自动捕获天文瞬变现象的望远镜）。较之于松散耦合、独立或手动操作的系统，CPS在功效、灵活性、自主性和可靠性等方面可能更胜一筹，但是在安全性和可靠性方面有可能存在一些漏洞。

　　美国国家科学基金会（NSF）在其CPS研究计划的基础上，开始探讨CPS教育和培训的需求。作为其中一项内容，NSF 要求国家科学、工程和医学院来研究这个主题，组织研讨会，编写中期报告和总结报告以审视CPS教育的必要性及其内容。该研究结果将告知以下群体：那些可能支持课程和材料开发的机构（包括但不限于NSF）、教师和高校管理者、需要CPS工作者的行业，以及具有知识基础、就业需求、就业机会和课程需求的潜在学生。

任务说明

　　特设委员会将研究当前和未来对信息物理系统（CPS）教育的需求。委员会将在初期召开两场研讨会，收集意见和促进对话。中期将编写一份简短的中期报告，以强调新兴主题及总结研讨会的讨论情况。后期的总结报告将明确描述 21 世纪美国对 CPS 工作者的愿景：它将探讨相应的教育要求，审查已经开展的工作，并提出培养教职工、开发材料和课程的战略与计划；它将关注核心知识、跨领域知识和领域内特定知识，关注与 CPS 相关的多个学科，以及如何促进多学科研究和工作。在研究开展过程中，委员会将重点关注本科教育，并将考虑其对研究生教育、员工培训和认证、社区学院、K-12 教育及非正式教育的影响。它将强调 CPS 对科学、工程和技术劳动力所需的技能，但也将考虑 CPS 概论课的更广泛需求。

---

① 该定义参见美国国家科学基金会（NSF）2016 年发布的《信息物理系统》，项目请求号 NSF16-549，NSF 文档号 nsf16549，网址为 https://www.nsf.gov/publications/pub_summ.jsp? ods_key=nsf16549。

　　该报告审查了CPS这一新兴领域的知识内容及其对工程和计算机科学教育的影响。其他报告审查的主题更加宽泛，例如：更广泛的工程教育未来将何去何从，如何克服障碍来完成两年制和四年制的科学、技术、工程和数学学位。

　　为了收集有关这些主题的观点，21世纪 CPS教育委员会召开了两次研讨会，并听取了其他专家的简单汇报。委员会在 2015年发布的中期报告中总结了汇报和讨论的许多内容；总结报告则吸收了中期报告发布后所获得的一系列附加说明材料。有了这些观点，并在对现有CPS课程、课程资料、课程体系及其他信息进行审查的基础上，委员会通过集体判断提出了结果和建议。

　　概要部分呈现了报告的关键信息和委员会的研究结果与建议。本报告第1章将探讨CPS教育的必要性，第2章将强调开发CPS所需的基本知识和技能，第3章将列举一些将 CPS教育中的基础知识整合到各种课程中的例子，第4章将讨论如何开发和组织这样的课程。

杰克·斯坦科维奇（Jack Stankovic）、吉姆·斯特奇斯（Jim Sturges）

21世纪 CPS教育委员会共同主席

概　要

信息物理系统（CPS）是构建于并依赖于计算机算法和物理组件之无缝集成的工程系统。CPS可以是小而封闭的，如人工胰脏，也可以是大而复杂且相互连通的，如区域性能源网。CPS工程关注物理实体与网络的相关性及相互影响。随着低成本传感、强大的嵌入式系统硬件以及广泛部署的通信网络的发展，人们对CPS功能的依赖将大大增加。这些技术的发展加之对精通CPS设计的劳动力的培养，使得采用能力高、适应性强、安全性能好的系统成为可能。

CPS 工程及劳动力

如今，CPS得到了广泛部署和应用。举例来说，汽车可以感知即将发生的事故并执行不同的任务来保护乘客，医疗设备可以检测血糖水平或心率进而帮助人体恢复正常功能。据此可以看出，CPS往往支持有显著经济与社会影响、能提升安全和网络安全问题关注度的关键任务。然而，当下CPS系统的设计与实施实践具有一定的特殊性，并没有充分利用现有的有限的理论，而且也无法达到满足未来需求的复杂性、可扩展性、安全性、互用性以及设计和操作的灵活性。

负责开发CPS的工程师缺乏必要的教育或培训，一方面他们可能无法深刻理解与CPS软硬件相关的技术问题，另一方面他们可能未掌握物理系统建模、能量与功率、驱动、信号处理和控制方面的技术。另外，这些工程师可能在未接受过CPS方法正规训练的情况下就去设计和实施生命关键型系统，而这些方法是检验系统以及确保系统安全性和可靠性所必需的。

拥有适当的教育和培训经历及技能的劳动力更适合制订并管理下一代CPS解决方案。构筑这样的劳动力队伍需要着重培养未来劳动者的必备技能，同时为现有劳动力提供所需的补充教育。

事实证明，业界对CPS技能的需求数据复杂且难以获取，而且委员会无法委托开展系统调查来收集这些信息。取而代之，委员会依赖于业界专家的观点，这些专家包括那些向委员会作汇报或参与初期举办的两场研讨会的人员。从这些汇报中也可看出，随着新应用的出现和更多研究的开展，CPS领域将进一步发展。

研究发现1.1: CPS兴起于工程领域，具有重大的经济和社会影响。运输、医药、能源、国防、信息技术等重要工业部门越来越需要能够设计、建造产品和服务的劳动力队伍，这些产品和服务将网络元素（计算硬件和软件）与物理组件紧密地结合在一起，能有效管理两者之间的相互作用及其对物理环境的影响。虽然难以量化需求，但可推导出的结论是具有 CPS 能力的工程师需求量将很大。

研究发现 1.2：未来的 CPS 劳动力可能是在基础领域（如电子与计算机工程、机械工程、系统工程、计算机科学）受过训练的工程师、在特定应用工程领域（如航空航天与土木工程）受过训练的工程师，以及兼具物质世界物理系统和网络技术的知识与技能的 CPS 工程师的复合型人才。

高校提供的一系列教育计划将反映该校的观点和资源情况。高校从学生和雇主身上发现的需求，反过来将影响 CPS 劳动力的教育背景。随着时间的推移，领域本身在变化并走向成熟，教育计划和雇主的需求也将共同发展。

研究发现 1.3：鉴于大多数初级的工程和计算机科学岗位由本科毕业生担任，将 CPS 融入本科工程与计算机科学课程就显得非常重要。

建议 1.1：NSF 应该与高校一起支持本科教育课程、计划和路径的创建与发展，使工程和计算机科学专业的毕业生拥有更多机会来获得构建 CPS 所需的知识与技能。此外，要辅之以一些举措，如通过继续教育和硕士学位项目来提高现有劳动力的技能水平。

CPS 的原理、基础知识、系统特性及补充技能

该部分概述了构建 CPS 所需的知识与技能，源自对现有课程、计划、教学材料的审查以及对业界专家评论中所强调的主题的考虑。其重点在于能反映教学材料面临的挑战的核心原理与基础，这种挑战的核心在于要跨越单一网络层面和物理层面并将其整合到现有饱和的工科课程中。

委员会指出 CPS 教育计划要囊括以下几个宽泛的领域：

• **原理**，指物理和网络层面在以下领域的整合：通信与网络、实时操作、分布式和嵌入式系统、硬件和环境的物理属性及人机互动。

• **CPS 基础知识**，包括：①基本的计算概念，②真实世界中的计算，③离散数学与连续数学，④交叉应用，⑤建模，⑥系统开发。

• **CPS 所需的系统特性**，如保密性和隐私性，互用性，可靠性与可信性，电力和能源管理，安全性，动态随机系统的稳定性与性能，以及人为因素和可用性。

下文将对这些方面做简要概述（详细讨论内容参见本报告第 2 章）。

（1）原理

CPS将工程与真实世界的应用、计算机工程硬件与计算机科学网络世界连接在一起。真实世界的基本原理（包括物理学、数学建模、分析、算法与系统设计），旨在用来应对与之相关的不确定性和风险；计算机工程和计算机科学（网络）世界的原理意在处理嵌入式计算和通信硬件系统、软件编程和网络化。由于传感器是物理世界和网络世界之间重要的硬件桥梁，因此，了解传感器的属性及其在物理世界中的行为，以及用于处理其产生的信号的技术则显得十分重要。控制理论是CPS的一个重要原理，其相关要素包括稳定性、最优化，以及如何控制分布式数字系统。

（2）CPS基础知识

基于这些原则，委员会指出CPS课程中六种关键的知识基础：

• 编程导论课程未涵盖的**基本计算概念**，如嵌入式硬件、数据结构、自动机理论和软件工程。

• **真实世界中的计算**，包括理解真实世界的属性、实时嵌入式系统，以及计算资源约束，如功率和内存。

• 微积分范围之外的**离散数学和连续数学**，如微分方程、概率和随机过程、线性代数。

• **对传感、制动、控制、通信和计算的交叉应用**，反映物理层面和网络层面之间交互的核心作用，以及在实时约束下对控制通信网络、传感、信号处理和驱动的依赖。

• **对整合控制、计算和通信的异质动态系统的建模**，强调不确定性和系统异质性，包括线性和非线性模型、随机模型、离散事件和混合模型等技术，以及基于优化、概率论和动态编程的相关设计方法。

• **CPS系统开发**，特别是安全关键型、高置信度、高弹性的系统开发，需要进行从明确初始需求到测试再到检验和实际使用的整个生命周期的审查，包括适应系统演变的正式的检验和验证程序及适应性设计。

研究发现2.1：CPS核心知识不仅包括对物理工程、网络设计及实现的基础知识的理解，还包括对物理层面和网络层面之间如何相互影响与作用的理解。

建议2.1：CPS教育计划应该提供基础知识的教学，强调系统的网络层面和物理层面的交互。当前大多数课程都没有强调交互，这也意味着需要新的课程和教学材料。

（3）**系统特性**

许多CPS都是庞大、复杂和/或极为注重安全的。成功开发这类系统需要了解如何确保系统具有以下特征：

- 保密性和隐私性；
- 互用性；
- 可靠性与可信性；
- 电力和能源管理；
- 安全性；
- 稳定性与性能；
- 人为因素和可用性。

这些主题最好在教学初期就能得到很好的介绍，并贯穿到CPS课程的作业与项目中，正如工程中的最佳实践就是从系统设计开始解决这些问题。

（4）**补充技能**

工程系统的规模逐步扩大且其复杂性日渐增强，这意味着工程师需与不同的学科专家合作来完成任务。例如在通信等领域，灵活性、跨学科团队合作能力等"软"技能对CPS工程尤其重要，因为其工作任务本身就呈多学科性。一般来说，科学和工程方面的知识的变化速度以及CPS的新颖性与快速变化，意味着CPS课程和计划要强调学习和批判思维以及具体的技巧和方法。

CPS知识获取途径

获得CPS知识和技能的方式有许多种，其原因之一在于，CPS劳动力既包括熟知CPS工作原理的领域专家，也包括精通网络和物理交叉问题的新型工程师。另一个原因在于高校会根据自身条件，如已有的院系结构和课程、教师专长及可用资源，采取多种不同的方式。

CPS 教学路径

CPS 的潜在教学理念与路径包括：
- 将 CPS 扩展到 K-12 领域。在 K-12 课程中整合一些知识，如微积分基础、物理学、编程或机器人学，这会减轻本科生课程过于饱和的一些压力，也能确保学生在进入本科阶段时做好 CPS 课程学习的准备。

已有的科学、技术、工程、数学（STEM）倡议以及 2016 年发起的"全民计算机科学"倡议可被视为在全美将 CPS 知识融入 K-12 课程的机遇，这有利于学生们初步了解 CPS 核心概念。

- 职业学院与社区学院教育计划。这些教育计划在培养劳动力上有如下作用：提供四年制在校学习、职业培训，以及劳动力技能提升的路径。将 CPS 技能融入社区学院的教育计划不仅能创造攻读四年制 CPS 学位的路径，也能培训那些操作、维护日益复杂的 CPS 所需的劳动力。职业生涯中期的工程师随着其工作内容与 CPS 相关度的增加，也需要提升技能和知识。

- 在工程和计算机科学导论课程中融入 CPS。大多数工程师都要对构建和维护 CPS 的复杂性有基本的了解。

- 在本科生层面开设一门或多门 CPS 概论课程。概论课程有助于学生大致了解 CPS 及其设计中存在的主要挑战，这两者对单个工程学科领域（如航空、土木及机械工程）的专家都尤为重要。

- 将 CPS 的焦点内容纳入工程教育计划。虽然一些工程领域，如机械工程和航空工程已开始融入一些 CPS 工作原理方面的内容，但是它们从 CPS 基础知识授课方法中的受益更多。而且，这也同样适用于土木工程、化学工程、生物医学工程等其他领域。

- 设立新的 CPS 工程学士学位。委员会认为，新型工程师的产生——精通网络和物理交叉问题的 CPS 工程师将能满足劳动力市场所需。

- CPS 硕士学位项目。目前存在的大量关注嵌入式系统或 CPS 的研究生学位项目都倾向于电气工程或计算机科学。针对其他工程领域研究生的科学硕士项目，如机械工程或土木工程，也会很有价值。

- CPS 博士学位项目。硕士层面的教育内容可能足以满足未来教师培训的部分或所有需求，但是对 CPS 教师的需求，连同业界对博士生培训和持续的研究资金的需求，有可能刺激高校创立博士学位项目。如果依照其他工程学科模式的话，拥有 CPS 博士学位的工程师将在业界起到重要的技术领袖作用，而且越来越多的 CPS 博士生将进入业界工作而非从事学术性工作。

设计一个 CPS 学位是相当复杂的，需要谨慎平衡物理和网络层面以及 CPS 通用知识和应用知识。由于 CPS 学位课程还处于萌芽阶段，毫无疑问，它们将随着 CPS 的广泛部署而得到实质性发展。而且，CPS 学位项目无疑将会与其他工程学位项目一样面临挑战，要为可管控的四年制学习计划选择优先主题。

研究发现 3.1：当前院系结构、教师专长与兴趣及课程的多样化表明存在多种合适、可行的模式来强化 CPS 工程。委员会期望高校：①丰富现有工程课程中的 CPS 内容；②创立 CPS 概论课程；③创建新的 CPS 硕士学位项目；④开发新的 CPS 工程学士学位项目。

很多高校目前可能并不具备创建广泛的CPS教育计划的条件或资源。在这种情况下，有一种替代方法就是，与其他院系合作实施课程教学。例如，在机电一体化、机器人或交通运输课程中介绍CPS的关键内容。如此，随着时间的推移，将有助于减轻因实施CPS教育计划需要将CPS扩展到工程、创建课程的压力。

研究发现 3.2：由于 CPS 工程聚焦于系统物理层面和网络层面的交互作用，仅通过合并现有课程来创建 CPS 课程是不够的。我们需要设计新的课程。

建议 3.1：NSF 应支持高校教育计划的制订，为创建 CPS 工程学位提供路径和规划。

建议 3.2：NSF、专业协会及高校行政管理部门应支持在现有工程教育计划中开设新的 CPS 方向的课程，为 CPS 工程主修专业和辅修专业学生开设新的 CPS 特定课程，以及为 CPS 工程学士学位项目开设总体课程，并考虑为这些课程分配资源。

建议 3.3：高校应考虑在工程和计算机科学所有领域的新生入门课程中增加 CPS 内容。

建议 3.4：总的来说，工科院校已经在重新设计其课程，来强调基于项目的学习。因为这对于 CPS 教育尤为重要，所以这些基于项目的课程应该加以拓展来支持 CPS 原理和基础知识的学习。

CPS 课程体系化的机遇与挑战

创建成功的CPS教育计划的过程面临着一些挑战。CPS的本质使得开发和传授CPS相关课程十分困难。而且，尽管学生可能对CPS技术或其应用感兴趣，但是他们可能不会意识到他们应该参与那些强调CPS知识与技能的课程或项目。另外，几乎没有什么机制能够支持广大教师致力于一门新的跨学科的课程教学，这使得培养、招聘或留住教师团队十分困难，以致无法为本科生提供最新的CPS教育。而且任何一门新课程都需要从新教科书到实验室设备的一系列资源的支持。

（1）吸引学生学习 CPS

在本科阶段，让STEM学生接触CPS领域，了解其与机器人学和物联网的关系，以及学习CPS的潜在裨益是很关键的。一个重要的机会在于，将CPS作为工程专业大一新生工程导论课程的一部分，而非仅仅针对计算机科学和电气工程学生。

研究发现 4.1：尽管高中阶段和本科阶段都有很多介绍 CPS 原理的 STEM 课程和项目，但是这些课程通常无法全面介绍 CPS 基础知识和原理，而往往聚焦于一些过于简单的应用或过于注重学科内容。

建议 4.1：开发 K-12 阶段的 STEM 课程以及教育和培训 STEM 教师时应该考虑利用 CPS 概念和应用来丰富这些课程，以便学生为未来的工作奠定知识基础并提供与 CPS 职业接触的机会。

研究发现 4.2：即将入学的大学生并不熟悉 CPS 术语、CPS 概念及 CPS 领域的工作机会，但是他们对那些日益广泛可见的 CPS 相关主题更感兴趣，如机器人、物联网、健康医疗、智慧城市及工业互联网。

建议 4.2：开发 CPS 课程和项目时应考虑利用机器人、物联网、健康医疗、智慧城市、工业互联网等领域的知名度和职业、课程和项目的描述，以及选择课程和项目所采用的应用程序对学生兴趣的影响。

（2）招聘、留住和培养所需教师

如果讲授CPS的教师能利用其在CPS领域的某些专长，或了解一个完整的CPS系统的其他方面知识，以及某些领域或应用的需求，那么他们的CPS教育将是最有效的。如今，大多数CPS教育（和研究）都是由之前在相关领域有所成就、进而冒险进入这个更新的、跨学科领域的少数教师来开展的。

长期来看，学术机构有机会聘任那些拥有CPS学位或专业知识并从事过特定的CPS研究的新教师，以及在CPS工程领域具有企业经验的人。事实上，一些机构已明确开始寻找这类人才。建立教师团队需要投入研究资金，创造学术提升机会，两者缺一不可。NSF的CPS项目已帮助创建CPS学术共同体，建立起学术界与业界的联系。一些知名CPS会议的召开以及CPS新期刊的创立使得具有跨学科背景的教师更容易成为CPS研究人员，并能满足学术评估标准的要求。尽管如此，仍需要投入时间和资金来对教师队伍进行必要的补充，以培养CPS工程师。

研究发现 4.3：由于 CPS 是一个跨学科的全新领域，并非所有高校都有充足的合格师资来讲授 CPS 学位项目中的全部课程。

建议 4.3：NSF 应通过教学拨款和奖教金来支持 CPS 教师的发展。

尽管进入一个新领域时有着各种挑战，但是青年教师具有成为CPS领域佼佼者的优势，因为与成熟领域人才济济的境况不同，他们无须与大量功成名就的领军人物竞争。

（3）开发所需课程与教学资料

虽然委员会因在其工作过程中出版了一些教科书而士气大涨，但是支持CPS发展的教科书、课程资料及实验室设备数量仍极为有限。正如仅仅通过课程重组不能催生CPS课程一样，当前的教科书也不能完全整合物理系统对网络技术之间的相互影响。而且，CPS的复杂性要求学生全面理解物理环境对这些系统的影响。真实模型可以提供部分知识，但学生们需要试验台来充分认识物理环境可产生的约束。这些试验台的创建和维护费用非常昂贵，因此很多高校都没有或不会为此分配资源。

研究发现 4.4：如果高校计划讲授新的 CPS 课程并创建 CPS 教育计划，那么它们应分配时间与资源来开发CPS课程材料，并提供必要的实验室空间与设备(包括虚拟的与现实的试验台）。

研究发现 4.5：试验台要为学生提供足够真实的应用和问题。这些试验台可以是虚拟的也可以是实体的，多个机构之间可以远程访问和共享，并且可与企业合作开发和操作。

建议 4.4：NSF、专业协会及高校应该共同支持 CPS 教科书、课程模块（包括实验室模块）、试验台的开发与更新。这些参与方应该与企业合作开发并维护现实的试验台。

随着CPS越来越普遍，对有能力设计、开发和维护它们的劳动力的需求将日益增加。不仅要认识系统的网络层面和物理层面，更要了解两者之间的相互作用，这点非常重要。拥有这些技能的劳动力将能更好地帮助企业在CPS的无数应用中取得进步。该报告中提出的行动建议提供了诸多方法，确保那些胸怀抱负的工程师和计算机科学家拥有现代CPS劳动力所必需的技能。

1.CPS 的变革性质和劳动力需求

本章论述了CPS的变革性质及其对业界的重要性，以及相应的劳动力需求；考察了CPS应用对经济影响的广泛指标，以及提交给委员会的关于业界对CPS技能需求的证据。

1.1 CPS 的变革性质和劳动力需求

在过去的几十年里，世界发生了重大转变。以前完全以机械或电（即实物形态）的形式存在的元素，特别是那些描述逻辑、控制和决策的元素，越来越多地采取嵌入式系统和软件（即网络元件）的形式。CPS这个缩略词往往被用于描述那些构建于并依赖于计算机算法和物理组件之无缝集成的工程系统。在这个定义中，"网络"（cyber）是指计算机、软件、数据结构和支持系统内部决策的网络，而"物理"不仅表示物理系统的部分（如自动化车辆的机械和电子元件），也指代系统交互的物理世界（如道路和行人）。CPS与当今常用的术语如物联网（IoT）、工业互联网、智慧城市，以及机器人和系统工程领域密切相关。

一些新兴技术的发展趋势为CPS的广泛部署提供了支持：

• 通信网络、数据库和分布式系统允许对物理系统进行远程、协作及分布式控制与决策，这些功能在几年前是无法实现的。

• 数据科学领域新兴技术的发展使得收集、存储、分析和利用大量物理世界的数据成为可能。

• 元件和系统的成本降低，满足了CPS在日常设备中的使用，如家庭温控器和汽车制动器。例如，更低成本的传感器正在被大范围部署，从利用传感器网来预测洪水和地震等自然灾害，再到利用传感器来支持更安全的汽车旅行。

• 高速无线网络的可靠性增强及其广泛部署可以支持那些要持续接入因特网的设备。

CPS可以是小且独立的，如人工胰腺，也可以是大而复杂的，如区域能源网。它们正越来越多地用于服务经济或社会，其中许多对基础设施或生命安全具有重大影响（见表1.2）。CPS通过经济的史无前例增长，提供了非同寻常的灵活性、实用性、安全性等性能以及控制和操作决策的准确性。事实上，几乎所有行业都接受了CPS。麦肯锡全球研究所最近发布的一份关于物联网的报告，就由CPS为其提供技术基础。该报告通过"宣传效果已经很显著，价值可能更大"的简单表述，就描述了CPS应用对经济的重要性。据麦肯锡报告估计，到2025年，嵌入九种环境——人体、家庭、零售环境、办公室、工厂、定制生产环境、车辆、城市和其他外部环境中的物联网应用将有可能产生年均11.1万亿美元的经济影响。

CPS 相关领域

信息物理系统（CPS）领域与其他领域密切相关，并且支撑了一些重要的技术愿景。

- 机器人技术专注于那些结合了与人类合作进行自主或半自主运行的传感器和执行器的系统。它包括一系列主题，例如：运动学、动力学和路径规划；机器人硬件和控制软件；感知、感测和状态估计；对操纵器和车辆的控制。许多机器人将被视为CPS，因为机器人技术领域吸收了CPS的许多原理。同时，有许多CPS并非是机器人，并且机器人技术程序中涉及的部分主题是该领域特有的。
- 系统工程是一个专注于复杂系统设计和管理的领域，与CPS有很高的关联度，特别是建模、集成等方面主题。然而，系统工程通常侧重于大型系统的组织、管理和集成，但不一定能解决系统的物理与网络层面相结合时面临的具体技术需求。
- 物联网（IoT）是基于标准和互操作通信协议、具有自配置能力的动态全球网络基础设施，其中实体和虚拟的"物"具有同一性、物理属性和虚拟特性，利用智能接口无缝集成到信息网络中，并且经常传输与用户及其环境相关的数据。随着物联网的发展，它越来越多地被用于那些需要CPS特性（如控制、实时响应和影响安全性的关键操作）的应用。物联网应用，如智慧城市（见下文），迅速变得更加复杂且依赖于CPS能力。
- 工业互联网将物联网与收集、分析大量数据的能力相结合，以管理工业系统和操作。
- 智慧城市是一种愿景，最终城市地区和其他社区将利用信息技术来更好地管理基础设施和资源，提高效率和生活质量。由于智慧城市应用需通过实时响应和控制来增强传感和监测，它们变得愈发依赖于CPS能力。

根据加特纳（Gartner）最近的计算，2015—2016年，"互联的设备"数量增加了30%，到2020年该数字预计将增加3倍，达到超过200亿台。一个相关的概念是工业互联网，其结合了物联网和对工业应用的大数据分析。2015年，一份来自美国通用电气公司（GE）和埃森哲咨询公司（Accenture）的报告指出，到2020年全球工业互联网支出额可能达到5亿美元，到2030年全球经济总额将达到15万亿美元。同时，信息技术领域的公司将会越来越多地投资CPS领域，包括自动驾驶汽车，如谷歌和优步（Uber），以及物联网，如IBM。

CPS 增强的未来

信息物理系统（CPS）可在以下领域产生经济或社会影响：

- 运输。CPS已被用于汽车领域，其可以感测即将发生的碰撞并执行各种任务以保护乘客。CPS技术能大大减少人为错误导致的车祸从而降低年度死亡人数，还能大大减少公路拥堵所浪费的时间和造成的污染。针对航空和机场安全技术的CPS技术可以缓解拥堵，促使自主航空器安全进入美国领空。
- 制造。可以设计和建造的东西的复杂性及其社会需求不断增加。即使产品的多样性在增加，但产品开发的时间周期正在减少。CPS技术可以优化产品的设计（如通过软件定义更多的功能）和制造（如实现更有力或更高效的制造设施）。
- 医疗保健。如今，CPS被广泛用于可以感知血糖水平高低或心律失常情况并加以干预的医疗设备，将有利于更多老龄人接受治疗。CPS的正规技术规范和验证技术可能有助于设计更低成本、更易于验证和更安全的医疗产品。
- 能源。可再生电能资源是间歇性和不确定的，需要新的传感器、开关、仪表及基础设施，来实现适应性、安全性、有弹性、高效、有成本效益且允许消费者自己管理能源使用的电力分配系统。
- 农业。到2050年，全球人口预计超过90亿，并且随着气候不断变化，粮食从生产到消费将损失三分之一，生产食物、纤维、饲料和生物燃料的系统需要更高的效率。CPS技术可以提高整个价值链的持续性和效率（减少浪费）。

谈及CPS的潜力以及实现这种潜力所面临的技术挑战，2008年，波音幻影工作室（Boeing Phantom Works）工程和信息技术副总裁唐·温特（Don Winter）在向科学技术委员会解释时，提到以下情况：

CPS在波音公司和航空航天工业中应用广泛，在其他行业的应用也越来越普遍，特别是汽车和能源管理领域。CPS对我们的产品而言至关重要，其复杂性以指数速率增长。

温特指出，CPS对航空航天系统的贡献度显著增加，尤其是在运输飞机的设计、开发、检验和认证成本方面的贡献度从20世纪70年代的不到10%增加到21世纪初的50%左右。

值得注意的是，即使它的安全效益巨大，但是采用CPS也会带来新的风险。例如，尽管其也易于失效，但是纯机械连接的风险比单独的传感器和制动器小，这些传感器和制动器可能由于软件错误、硬件故障或网络安全攻击而导致故障和受损。这些风险会加大对高技能劳动力的需求。

学术研究产生的基础进步将支持下一代CPS，其设计、实施、部署和维护可以满足人们对新兴功能和非功能性属性的需求。功能性特性的进展可以带来新的解决方案。例如，未来的解决方案将有助于微电网处理提高能效和预防弊病（不仅仅是维护）。非功能性特性（即保密性、安全性、可靠性和可信性）的进展将促使未来的系统在有风险的情况下仍有效运行——例如增强对城市自主交通系统的信心。

美国国家科学基金会（NSF）有一个持续的CPS研究计划，是在2007年8月和2010年12月总统科学技术顾问委员会报告给出的建议下推动的。NSF的计划反思了CPS的多样化应用及其在许多领域取得进展的重要意义，与众多联邦特派机构开展合作，包括美国国土安全部科学技术委员会、美国交通部联邦公路管理和智能交通系统联合计划办公室、美国国家航空航天局航空研究任务指挥部（ARMD），以及美国国家卫生研究所的几个机构和中心、美国农业部国家粮食和农业研究所等。

美国国家标准和技术研究所创建了一个CPS和智能电网计划办公室，致力于研发CPS和CPS应用的架构、框架和标准。其他联邦CPS研究计划有：国防高级研究计划局的自适应车辆制造和高保障网络军事系统计划、交通部的联网车辆和智能交通系统计划。许多其他国家也有CPS研究计划。

全球 CPS 研究投资

信息物理系统（CPS）中长期研究计划的部分例子如下：
- 德国工业 4.0 计划，旨在利用 CPS 在物联网方面的潜力来维持行业领导地位。因此，工业 4.0 涵盖制造、服务和工业设计，其重点之一是智能生产系统和流程以及实现分布式、网络化的生产现场。

- 欧盟（EU）利用公共和私人的资金发起了一项重大的联合技术倡议，即到 2013 年在嵌入式系统和 CPS 方面的拟议开支花费约为 70 亿美元，欧洲国家和行业称之为嵌入式智能系统的高级研究和技术，随后其与一个集成电路技术倡议合并，从而创建欧洲智能系统集成技术平台（EPoSS）。从该平台中即可确定促进智能系统集成的研发需求和政策。欧盟目前的研究与创新框架计划（地平线 2020）包括一个关于智能 CPS 的研究计划，以及智能系统、自主系统、智能交通系统、工厂自动化、物联网和智能社区等相关领域的计划。
- 韩国正通过各种国家 IT 产业促进机构（NIPA）计划来推行相关举措。CPS 也是 2015 年末信息和通信技术政策高水平论坛的一个主要讨论点。

1.2 培育 CPS 劳动力

委员会难以获得有关 CPS 技能和知识需求的综合数据，收集高度跨学科的新兴领域（如 CPS）所需的系统信息尤其具有挑战性。连从小公司收集传闻的信息也同样很难，因为他们在这些问题上很难达成共识。在美国没有进行过企业对技能或与 CPS 相关高校计划的需求的调查，目前政府统计的间隔时间不充足，无法将 CPS 职位与其他计算或工程类的相关工作分开。委员会不能委托业界或学术界展开系统调查来收集这类信息。

委员会缺乏 CPS 劳动力需求方面的全面数据，因而主要依赖于参与该研究进行期间召开的两次研讨会的业界专家的观点以及一系列简报。

研讨会演讲者来自汽车、农业、医疗设备和太空等众多行业领域，以及大型工业集团和 CPS 工程软件工具供应商。他们讨论了产品不断变化的性质，工程劳动力必备的一系列新技能，以及培养必要人才所面临的挑战。来自不同行业的代表指出，他们需要具备 CPS 工程技能的人才。一方面，产品之所以没有得到开发，是因为没有足够的具有 CPS 相关技能的人来做这些工作。另一方面，来自业界的人士指出，如果有更多接受过 CPS 教育的人，那么他们的劳动力队伍将进行重组。

谈到对 CPS 技能的需求，GE 全球研究总监约瑟夫·萨尔沃（Joseph Salvo）

说："一直在向前……几乎所有的员工都会为之感动。"当被问及福特汽车公司需要多少CPS工程师时，来自福特汽车公司研究和先进工程组织的克雷格·斯蒂芬斯（Craig Stephens）回答道："简短的答案是，供远小于求。"

鉴于CPS在整个行业中的普遍性，不管工程师们是否认为自己是这一领域的专家，他们许多人的工作都围绕着CPS。许多人没有接受过CPS关键主题方面（如形式化方法、验证或保密）的正式教育或培训，可能无法完全理解设计生命关键型软件的信息防范系统所面临的挑战。

特殊CPS的设计和实施可能不具有可扩展性、保密性和设计灵活性，不能满足当今及未来的需求。鉴于CPS在任务和安全系统中的作用以及所有计算机系统面临的网络安全挑战，这个问题尤其受关注。因此，更好的教育和培训以及CPS学科的发展是优先事项，因为社会所依赖的许多（甚或是绝大多数）系统将是CPS。

制定有效的CPS解决方案需要受过培训和具有技能的劳动力，这些劳动力应能够帮助开发复杂能力的CPS，或能够长期部署并维护CPS解决方案。工程项目本质上是协作性的，工程团队应具有一系列专业知识，包括CPS。

关于行业对具有 CPS 能力的劳动力需求的评论

来自几个行业部门的与会者和委员会简报人员对 CPS 在工业中日益增长的重要性以及由此产生的对 CPS 技能的需求提出了许多评论。其中包括以下内容：

- **运输行业。**来自福特汽车公司研究和先进工程组织的斯蒂芬斯解释了汽车行业对 CPS 人才的需求日渐增加的原因，并指出，尽管汽车工程的基础知识（如动力传动系、燃烧和排放）仍然是基本的，汽车工程师也要能设计、开发和测试包括通信和传感技术以及更复杂的计算机控制的系统。这些新技能在新应用中尤其重要，例如电气化、车间通信（vehicle-to-vehicle communication）、主动安全设备以及自动驾驶。斯蒂芬斯指出，汽车行业已经成功地提供了必要的培训，但像福特这样的公司希望未来的员工具有更强的 CPS 知识基础。霍尼韦尔公司的丹·约翰逊（Dan Johnson）认为航空航天作为另一个运输行业，CPS 在其中扮演着越来越重要的角色。例如，许多 CPS 密集型系统（如飞机、机场、空中交通管制、维护和乘客服务）组成了空中运输环境。
- **农业和建筑设备。**约翰·迪尔公司的系统架构师乔恩·威廉姆斯（Jon Williams）观察到，农业和建筑设备部门的 CPS 密集度也在增加。例如，迪尔公司制造了部分自动化和完全自动化的车辆，在车辆之间提供网状无线和远程信息处理链路，远程更新和诊断产品故障，并且正在开发收集农艺数据的应用。此外，威廉姆斯指出，如今的大型工业化农场是一个成体系的系统，需要一种系统方法来开发和部署产品及服务，而非传统地聚焦于单个产品。

- **医疗设备**。来自 Medtronic 医疗设备公司的斯科特·哈雷兰（Scott Hareland）谈到，医疗设备在监测和诊断健康状况、维持生命（起搏器）或通过减少疼痛来改善生活质量方面的能力不断增强。他观察到，如今的工程师仍不具有开发未来医疗设备所需的所有技能。
- **太空**。戴维·尼科尔斯（David Nichols）和丹尼尔·德沃夏克（Daniel Dvorak）描述了喷气推进实验室（JPL）对 CPS 的需求，该实验室设计、建造、部署和操作航天器系统，如火星科学实验室的漫游器"好奇号"和"卡西尼号"人造卫星。JPL 需要 CPS 技能的工作有：描述处理自动化要求的任务；设计装配子系统和系统的级别；设计自主控制相关的活动（故障管理、验证和确认以及任务操作）；设计各级系统；任务、软件和安全保障。JPL 倾向于在内部培养飞行项目工程师，因为很难找到具有所有必备的 CPS 和其他工程技能的毕业生。事实上，JPL 大约五分之四的（科学和工程）新员工是应届毕业生，JPL 打算通过实践项目工作和高级工程师的指导来发展其员工。
- **支持 CPS 开发的工具**。来自软件公司 SimuQuest（开发支持基于模型的系统工程的产品）的约翰·米尔斯（John Mills）确定了他在员工中寻找的关键知识领域：工厂建模（plant modeling）、算法设计、控制系统设计、网络协议和工程过程。他还强调了 CPS 技能，包括不确定性、管理时序和延迟、协同仿真。约翰·米尔斯指出，虽然福特、通用电气公司（GE）和 Deere 可能有资源来培训员工的 CPS 技能，但是像 SimuQuest 这样的小公司不具备这样的条件。

因此，人们将需要各种教育和培训制度。所需的多学科技能将建立在工程、计算机科学和信息技术等领域现有劳动力的能力之上，为此，部分工作将侧重于补充现有劳动力的技能，而另一部分工作则需要关注未来的劳动力，这些劳动力具有从教育中习得的所有先决技能。

研究发现 1.1：CPS 兴起于工程领域，具有重大的经济和社会影响。运输、医药、能源、国防、信息技术等重要工业部门越来越需要能够设计、建造产品和服务的劳动力队伍，这些产品和服务将网络元素（计算硬件和软件）与物理组件紧密地结合在一起，能有效管理两者之间的相互作用及其对物理环境的影响。虽然难以量化需求，但可推导出的结论是具有 CPS 能力的工程师需求量将很大。

1.3 CPS：新兴工程学科

像CPS这样出现于先前存在的领域并成为一个新领域并不是一件新鲜事。事实上，用类推法（analogies）可以追溯到计算机和软件工程的历史。20世纪40年代的电气工程师不可能将计算机视为日常用品。当时，一台计算机就是一个非常巨大的机房，装有真空管组件、继电器、穿孔卡片输入器和行式打印机，耗电量巨大。计算机工程领域作为单独的学科和实践缓慢出现。后来，软件工程学科的独立和实践对人们对于更方便、更有效的计算机的需求做出了回应。毫不奇怪，如今打造一台计算机不再需要一大批电气工程师，与之相同的是，编程和使用小型带传感器和控制器的处理器作为其他系统中的组件，或者作为系统本身，也不再需要大量不同工程学科的队伍。然而，尽管用于设计小型嵌入式系统的组件和工具可供业余爱好者所用，但是开发可靠的、安全的、可验证的大型系统所需的技能和知识却是相当重要的。

按照类似的模式，CPS纳入了学科的成分如嵌入式系统、软件工程、控制系统、网络体系和系统工程。事实上，诸如航空航天和机械工程等领域以及诸如机器人技术的相关领域已经纳入了许多CPS的原理，这个新兴领域的专家将是这个交叉学科的专家。

研究发现 1.2：未来的 CPS 劳动力可能是在基础领域（如电子与计算机工程、机械工程、系统工程、计算机科学）受过训练的工程师、在特定应用工程领域（如航空航天与土木工程）受过训练的工程师，以及兼具物质世界物理系统和网络技术的知识与技能的 CPS 工程师的复合型人才。

研究发现 1.3：鉴于大多数初级的工程和计算机科学岗位由本科生毕业担任，将 CPS 融入本科工程与计算机科学课程就显得非常重要。

建议 1.1：NSF 应该与高校一起支持本科教育课程、计划和路径的创建与发展，使工程和计算机科学专业的毕业生拥有更多机会来获得构建 CPS 所需的知识与技能。此外，要辅之以一些举措，如通过继续教育和硕士学位项目来提高现有劳动力的技能水平。

2.CPS 的原理、基础知识、系统特性及补充技能

　　本章结合现有课程、计划和教学材料的考核结果，以及业界专家给委员会的意见中所强调的主题，从高层次考察信息物理系统（CPS）所需的知识。其中许多基础知识出现在计算机科学、工程和机器人等领域，但CPS的重点在于物理和网络层面的整合。本章首先讨论了其整合方式和相关原理。

　　基于这些原理，本章首先确定了CPS课程的六大基础：基本计算概念，物质世界的计算，离散数学和连续数学，交叉应用，建模，CPS系统开发。接着，本章讨论了规模、复杂性和临界安全（safety criticality）等系统特性。虽然工程领域的最佳实践是从系统设计开始来解决这些问题，但是这些主题最好尽早给学生介绍，并且要贯穿于CPS课程作业和项目中。本章最后讨论了CPS重要的职业补充技能，如学习能力、批判性思维、软技能和创业精神。

　　鉴于CPS的潜在内容很广泛并且还在不断发展，本章重点介绍一般原理、基础、系统特性和技能，而非大量具体事实或技术。由于设计CPS涉及的材料很广泛，并且该新兴领域具有快节奏的性质，这种方法特别重要。有了恰当的基础知识，学生将能够更好地了解工作中的新的发展动向。

　　工程专业的课程已经饱和，因此不能简单地通过叠加资料来覆盖物理和网络这两个维度，当然也不能把课程内容增加到以前的两倍。并非所有的相关主题都契合CPS核心课程或原理和基础。例如，作为一种十分适用于机器人技术领域的方法，仿生学（bio-memetics）却没有包括在内（相反，机器人技术被改为选修课程，见表3.4—3.7）。

2.1 原理：整合物理层面和网络层面

　　CPS的核心理念是将工程和物质世界的应用与计算机工程硬件和计算机科学网络世界联系起来。物质世界的基本原理包括物理现象、建模以及不确定性和风险等物理世界中的无形因素。同时，计算机工程和计算机科学世界的原理涉及嵌入式系统、网络体系、编程和算法。因此,CPS教育透过传统的动力系统模型（常微分或差分方程）来理解物理层和物理网络接口层的物理影响。

传感器是连接物质世界和网络世界的一个硬件桥接器，是从物质世界收集数据的主设备，这些数据之后会输入到网络世界中。了解传感器的性质和原理，以及知道如何在真实世界约束条件下使用传感器是十分重要的。不幸的是，用于简化系统开发的高级抽象化常常具有隐藏物质世界关键原理的副作用，而程序员需要据此知道他们开发的CPS能否正常工作。原始数据一旦被收集，就会通过信号处理技术进行加工。信号处理所需的原理包括线性信号和系统理论、模拟和数字滤波、时域和频域分析、卷积、线性变换（如离散傅里叶变换和快速傅里叶变换）、信号的噪声和统计特性、机器学习以及决策和传感器融合。在CPS中，要考虑这些信号处理技术在嵌入式CPU（实时运行、安全严格）中的实现情况，这也是传感器可靠性的关键。传统信号处理课程通常是不考虑这些问题的。

控制是CPS的核心原则。控制理论的相关元素包括稳定性、最优化，以及网络、混合系统、随机系统和数字系统等情境中的控制技术。在网络领域中，特别重要的是分布式系统控制及其固有延迟带来的影响。

在如今网络化、无线化和实时的世界，随着CPS渗透到我们的经济和社会中，了解相关原理对CPS设计也是有必要的。以下是要求学生掌握的知识：

• **通信和网络**。CPS要求学生了解从物理层原理到协议、分层体系架构、现实世界中无线通信等诸多特性的若干方面。

• **即时性**。需要理解实时调度理论、程序中的时态语义以及网络中的时钟同步。

• **分布式系统**。CPS教育应该包括CPS在诸多应用程序中的分布式和网络化性质的相关知识。虽然传统工程或计算机科学课程覆盖了分布式系统和网络体系，但是这些课程往往无法解决CPS问题。CPS结合了硬件（实施）和软件（运行算法），所有操作均在自然世界环境中进行。

• **嵌入式系统**。对嵌入式软件原理、编程原理、算法、软件设计、形式化方法和平台（架构和操作系统）的教育与培训是必要的，有利于可靠的和高质量的CPS网络组件的开发。

• **物理性能**。理解并能塑造环境和硬件平台的物理属性是很重要的。软件设计原则重在以满足安全性、可靠性、实时性能、风险管理和安全需求的方式来解决物质世界的真实问题，有必要成为课程的一部分内容。

• **人际交往**。人因设计、人为介入控制，以及对人类行为反应的理解和解释对许多CPS是很重要的。一个很重要的设计问题是要使得CPS易于人类操作、控制和维护。和其他工程学科相类似，实践项目和跨学科团队合作对理解核心原理的应用是很重要的。

　　研究发现 2.1：CPS 核心知识不仅包括对物理工程、网络设计及实现的基础知识的理解，还包括对物理层面和网络层面之间如何相互影响与作用的理解。

　　建议 2.1：CPS 教育计划应该提供基础知识的教学，强调系统的网络层面和物理层面的交互。当前大多数课程都没有强调互动，这也意味着需要新的课程和教学材料。

　　强调此种交互的课程示例见第3章3.4。

2.2 CPS 的基础知识

　　根据这些原理，委员会确定了CPS课程的六大首要基础。

CPS 的基础知识

基础 1　基本计算概念

获得 CPS 所需的网络专业知识，只能通过扎实的计算训练，仅凭一两门编程类课程是不可能实现的。下面列出的基本计算概念应该利用物理领域的示例和案例研究来讲授。这些概念包括：

- 嵌入式硬件；
- 数据结构和算法；
- 计算模型，包括自动机理论（与 CPS 中广泛使用的有限状态机相关）和离散事件系统；
- 编程；
- 软件工程和基于模型的设计；
- 实时操作系统和网络编程。

基础 2　物质世界的计算

计算基础需要平衡物质世界的特性和约束条件。现实世界的复杂性往往会导致软件无法解决问题的情况。软件的设计和实现必须考虑平台本身的资源局限性以及现实世界对平台施加的条件。学生需要了解以下概念：

- 传感器的特性和信号分析；
- 在开放环境和多种模式下使用传感器和制动器进行编程；
- 实时嵌入式系统；

- 资源管理和约束条件，如时间、内存大小和功率；
- 针对物理系统不可靠性管理的冗余和容错技术。

基础 3　离散数学和连续数学

离散数学和连续数学是所有 CPS 工程师必备的基础技能。这反映了一个事实，即 CPS 同时涉及离散系统和连续系统，具有整合两者的能力是至关重要的。学生需要了解以下概念：

- 图形理论与组合数学；
- 概率、统计和随机过程；
- 逻辑；
- 线性代数；
- 微积分和微分方程。

基础 4　传感、制动、控制、通信和计算的交叉应用

因为 CPS 交叉的重点在系统的物理层面和网络层面之间，并且要对通信网络和传感、信号处理、实时约束驱动进行控制，所以这一基础是必不可少的。该主题要渗透到课程的方方面面。有关控制、信号处理、嵌入式软件设计和实现等方面的知识是这一基本原理的核心。相关概念包括：

- 控制原理，包括线性和非线性系统、随机系统、自适应控制、系统识别、混合控制；
- 动态系统的最优化和最优控制；
- 网络概念，包括无线通信、同步和异步通信及自组织无线（ad-hoc）网络；
- 实时分析，包括描述真实世界的信息源、时间触发或事件触发型控制、利用噪声数据决策的任务模型；
- 使用控制、计算和通信模型的信号处理；
- 安全性、可靠性、可信性；
- 保密性与隐私性；
- 物理特性对软件需求的影响；
- 人为介入和行为模式方面的人为因素；
- 网络控制。

基础 5　集成控制、计算和通信的异质动力系统建模

CPS 建模需要控制、通信和计算等方面的知识，重点表现和说明模块性、抽象性、不确定性和异质性。相关技术包括线性和非线性模型、随机模型、离散事件和混合模型，而且基于最优化、概率论和动态程序设计的相关设计方法论是十分必要的。主要概念包括：

- 物质世界的特性，包括不确定性和风险；
- 计算设备的特性，包括计算和功率极限；

- 通信系统的特性，包括无线通信的局限性；
- 错误检测和校正；
- 物理建模和计算建模合并；
- 信号、系统和有限状态自动机之间的共性。

基础6　CPS系统开发

CPS的开发从初始需求到高可靠性系统、高置信度和弹性的检定，需要从生命周期的视角来看。跨越整个生命周期的关键概念包括：

- 安全性、弹性、保密性和隐私性；
- 需求开发；
- 保障设置（assurance cases）和危害性分析；
- 正式检验和确认；
- 基于模型的设计和工具；
- 系统设计，包括系统演化设计和生命周期验证；
- 类似于物联网和云计算的平台；
- 在实验室和特定环境中测试CPS。

基础1　基本计算概念

纳入基本计算概念是为了强调所需的网络专业知识不能只通过一两门编程类课程获得，而只能借助物质世界中的实例和案例研究来进行计算训练来获得。特别是，有必要讲授如何在网络世界中嵌入物质世界的特性来实现第2章2.3中列出的系统特性。

基础2　物质世界的计算

物质世界的计算强调了考虑物质世界的特性和约束条件的必要性。现实世界的复杂性往往会导致软件无法应对某些情况，进而导致故障发生。因此，有必要了解物质世界的基本规律。软件的设计和实现要考虑平台本身的资源局限性，以及现实世界对平台的条件。

基础3　离散数学和连续数学

这一部分强调了CPS工程除需要微积分知识之外还需要高等数学知识。这说明了一个事实，即CPS同时涉及离散系统和连续系统，因此知道如何进行整合是很关键的。

基础 4　传感、制动、控制、通信和计算的交叉应用

包括控制、信号处理、嵌入式软件设计和实现方面等的知识，要渗透到课程的方方面面。

基础 5　集成控制、计算和通信的异质动力系统建模

重点关注不确定性和异质性。这种工作特别具有挑战性，因为物理建模和网络建模使用的模型不同并且这些模型之间往往不兼容。关注系统的物理模型和网络模型的合并和交互是必要的。

基础 6　CPS 系统开发

这部分指出了从生命周期角度来看待CPS系统开发的必要性，包括从初始需求到检验再到发布的整个过程。跨越整个生命周期的概念包括安全性、弹性、保密性和隐私性。

2.3　系统特性

在存在不确定性和风险程度可被接受的情况下，构建具有更强操作性的系统需要知道如何解决设计方面的问题（即安全性、可靠性和相依性）。例如，在设计一个城市的自动运输系统时，需要考虑如何做到让人们安心使用。委员会还看到了目前所部署系统的不足，如系统易受网络攻击、互用性差等。以下属性以及相关设计方法和思维方式最好在CPS课程的早期被引入，并贯穿于CPS课程作业和项目之中：

• **保密性和隐私性**。所有基于信息技术的系统都容易遭受网络攻击。许多CPS也特别脆弱，因为它们处于开放环境中，或者可以进行无线通信。这类系统的设计者应熟悉保密性和隐私性方面的风险并且掌握相关的保护技术。

• **互用性**。特别是在大规模的CPS中，系统的组件将来自不同的供应商，并且不同部分可能由不同的实体来操作。实现CPS的全部功能将需要异质组件和系统之间可互用。互用性的实现需要知道如何定义和使用通用架构、标准化接口和数据标准。

• **可靠性和可信性**。许多CPS将成为人们日常生活的一部分，并且其效用将需要高可靠性和可信性来保障。由于许多CPS设备的计算功率、内存和能量有限，新的问题就开始出现了。好的系统是那些从一开始就考虑了可靠性（和安全性），而不是在测试阶段才考虑这一问题的系统。CPS还需要足以应对设计阶段难以量化的不确定性。为了应对这些不确定因素，必须在实施阶段就追踪并解决它们。

- **电力和能源管理**。一些CPS组件的规格小、容易实现自动操作，这使得能源管理成为工程设计要优先考虑的关键事项。

- **安全性**。随着CPS在日常生活中的普及，人类所采取的行动和所处环境必须是安全的，并且这些行动所带来的相关风险必须是可评估和可掌控的，这是极为重要的。

- **稳定性和性能**。CPS是动态随机系统，其稳定性涉及许多因素，包括系统的线性度或非线性度、带宽、采样率、极点和零点、影响系统的噪声和不确定因素的建模，以及传感器和制动器的限制，如噪声干扰或饱和。

- **人为因素和可用性**。对CPS诸多应用而言，人因设计、人为介入控制以及理解和解释人类行为的反应都是很重要的。举例来说，关键的CPS可用于保障老年人的医疗保健和幸福生活。

要确保系统在存有不确定性和风险程度可被接受的情况下能运行良好，这些考量是必要的。在CPS易受网络攻击、可用性差和缺乏互用性的背景下，改进这些领域的教育的重要性日益显现。

大多数CPS开发的时候必须考虑到这些系统特性。因此，需要将这些概念贯穿到现有各个层面的CPS课程中。对于计算机科学和工程领域而言，构建具有这些特性的软硬件系统所面临的挑战并非是未知的。探索这些挑战以及学习如何确定系统是否具有这些特性对于配置更好的CPS至关重要。

2.4 补充技能

2004年美国国家工程院（NAE）关于未来工程的报告中强调了科学和工程知识的变革步伐以及产品周期的缩短对工程教育所产生的影响。

一个人在四年制的工程教育计划中学习其需要掌握的所有内容，这是不恰当的并且也不可能实现。随着工程师掌握的技术不断更新，甚至连"基础知识"都是不固定的。工程师将不得不为自己的继续教育负责，而工科院校需要通过教育工程师如何学习来培养他们的这种能力。

这一观察结果尤其适用于像CPS这样日新月异的新兴领域，CPS的课程和计划要强调持续学习和对技术的批判思考以及专业技术和方法。

NAE报告还提到工程系统的规模和复杂性日益增加，这意味着工程师日益需要与来自多个学科的专家合作。报告描述了在这种环境中有效工作所需的"软技能"：

这些团队的基本属性包括卓越的沟通能力（与技术人员、公众沟通）、利用技术交流的能力，以及对全球市场和社会环境的复杂性的理解力。灵活性、乐于接受变化和相互尊重也是至关重要的。事实表明，工程师可以基于各自的专业领域进行团队合作，并且挑战一旦解决，他们即可在分散后进行重新组合来应对新的挑战。

CPS对这种技能的需求尤其迫切，因为CPS的设计工作本质上是跨学科的。学生有很多机会来学习如何进行有效的团队合作，特别是在顶点项目课程中的项目活动中。

工程教育在CPS方面的另一个趋势是创业精神的融入。拜尔斯等人（Byers et al.，2013）的文章指出：

纯粹的技术教育对于工程师而言是远远不够的，工程师要有创业精神才能理解市场和商业压力并为之做贡献。对于毕业后不久就创办企业的工程师而言，创业教育为他们提供了产品设计和开发、原型设计、技术趋势以及市场分析方面的充足经验。这些技能对成熟企业和初创企业的成功都同样重要，具有创业培训经历的学生在加入成熟的公司后更能成为出挑的团队一员和管理者，并且作为创新者亦可以有力地支持他们的雇主。

事实上，在为该研究举办的研讨会上，有几位发言者指出，如今工科学生越来越希望自己成为创业人士。鉴于CPS、相关领域及其应用对经济的潜在影响，对将创业学融入CPS工程教育的需求可能日益增加。创业学将会很自然地融入顶点课程或其他基于项目的课程中。

3.CPS 知识获取途径

本报告第1章提出假设，即几乎所有工程领域都将受到信息物理系统（CPS）广泛使用的影响，并且劳动力将包括熟知CPS原理的领域专家，如新型工程师——CPS工程师，即专攻网络世界和物理世界交叉的专家。这表明获得CPS知识需要多元路径，才能满足劳动力的需求。人们预计，各高校将依据各自情况采取不同的方法。

随着劳动力需求的多样化，实施CPS课程和计划也将面临挑战，并且高校已经采取了一系列方法。该报告提出了多种替代方案。特别是从短期来看（在逻辑上可能是最容易实现的），硕士项目是一个较好的选择。这并不会消除本科CPS教育的需求，也不会排除对本科课程甚至是学士学位的长期需要。鉴于绝大多数工程师都仅拥有学士学位，因此，简单地将所有CPS教育推迟到硕士层面似乎不太可行。

最终，高校提供的课程组合将反映单所学校的观点，他们所拥有的资源，以及高校从学生和雇主身上看到的需求，这会反过来影响CPS劳动力的教育背景。随着时间的推移，领域本身会变化并日趋成熟，雇主要求的教育背景和CPS技能将共同演变和相互关联。

特别是，许多高校目前可能缺乏设立广泛的CPS教育计划的专家或资源。在这种情况下，督促若干部门建立起有限的伙伴关系从而共同开展课程教学将会是一种行之有效的方法。例如，可以将CPS的关键内容引入机电一体化、机器人技术或运输课程。久而久之，便可以为在整个工程专业中教授CPS知识及创建实施CPS教育计划所需的课程减负。例如，为计算机科学和机械工程专业学生开发的理论课程和传统控制理论（课程）将产生CPS所需的一类新课程。

研究发现 3.1：当前院系结构、教师专长与兴趣及课程的多样化表明存在多种合适、可行的模式来强化 CPS 工程。委员会期望高校：①丰富现有工程课程中的 CPS 内容；②创立 CPS 概论课程；③创建新的 CPS 硕士学位项目；④开发新的 CPS 工程学士学位项目。

建议 3.1：NSF 应支持高校教育计划的制订，为创建 CPS 工程学位提供路径和规划。

在本章中，委员会提出了几条路径。应当强调的是，通过这些示例，可从不同的角度得到可能的解决方案。本章探讨获取CPS知识的以下几种方法：

- 让K-12学生接触CPS；
- 开设职业和社区学院课程；
- 在工程导论课程和计算机科学课程中讨论CPS；
- 为本科生讲授一门或多门CPS概论课程；
- 在特定领域学位项目中包含CPS重点知识；
- CPS学士学位；
- CPS硕士学位。

3.1 获取 CPS 专业知识的途径及课程概况

委员会发现了一个令人欣慰的现状，即各高校计算机科学和电气工程系有组织地发展了一系列CPS课程模型。此外，已有几个领域创建了包含CPS知识的教育计划，如智能基础设施领域的土木工程硕士学位。表3.1罗列了少数几个CPS学术课程。

表 3.1 CPS 或嵌入式系统方面的课程示例

大学／院系	课程名称	学位名称
宾夕法尼亚大学计算机与信息科学系	CIS 540：嵌入式计算原理 CIS 541：针对生命关键型应用的嵌入式软件	嵌入式系统工程理学硕士
伊利诺伊理工大学理学院	CS 556：信息物理系统：语言和系统 CS 557：信息物理系统：网络和算法	信息物理系统专业的计算机科学硕士
科罗拉多大学博尔德校区电气、计算与能源工程系	ECEN 5613：嵌入式系统设计 ECEN 5023：移动计算和物联网安全	嵌入式系统工程专业硕士（课程，30小时或证书，9小时）
爱荷华州立大学工学院	CprE 558：实时系统 CprE 588：嵌入式计算机系统	嵌入式系统毕业证书

续　表

大学／院系	课程名称	学位名称
伊利诺伊大学 电气与计算机工程学院	ECE 486：控制系统 CS 431：嵌入式系统	信息物理系统学士
纽约大学 工学院	CS 2204：数字逻辑和状态机设计 EL 5483：实时嵌入式系统	计算机硬件和嵌入式系统方向的计算机科学学士
加州大学 伯克利分校	EECS 149.1x：信息物理系统	在线开放课程

　　当前开设的少数CPS学位课程均在研究生层面展开，这使得人们相信，在学习CPS之前必须先成为一个领域的专家。例如，当前的这些课程要求学生在学习网络知识之前必须先完成电气或计算机工程的科学学士学位，或者先完成网络知识的学习之后再开始物理知识的学习。

　　现有的提供CPS课程的本科课程计划，只是将CPS作为一个方向，而不是独立的学位课程。此外，还有证书课程以及证书专业来弥补学位课程的不足。

　　例如，加州大学圣克鲁斯分校工学院开设了一门CPS导论课程，并将其作为工科课程体系的一部分。该课程为CPS概念和工具的基本概述，内容如下：连续时间和离散时间系统的建模和分析工具；有限状态机；状态流；时控混合自动机；并发；不变量；线性时序逻辑；验证；数值模拟。该课程介绍了CPS的建模和分析。通过工程和科学领域案例对系统进行总结之后，引入了连续时间系统和离散时间系统的几个模型。其主要关注点是用于物理过程建模的微分方程模型。该课程还介绍有限状态机和状态流，并结合物理模型，讨论所得模型对嵌入式系统设计和分析的应用。以此为基础，该课程介绍更先进的时控自动机和混合自动机模型，然后介绍作为主要工具的线性时序逻辑，并用其来说明预期中的系统行为。大量应用中呈现和讨论了用于分析研究和数值验证以满足线性时序逻辑公式的工具。

　　再以加州大学伯克利分校的嵌入式系统导论课程为例。该课程向学生介绍与物理过程交互的计算系统的设计和分析。该课程所使用的教科书是由伯克利分校两位教师编写的。

对大多数高校提供的课程进行研究后发现，目前的课程不足以满足培养具有CPS技能的工程师的需要。这些课程很少强调任务关键型或安全关键型系统，因此实践项目工作往往容易忽视容错性和稳健性等属性。此外，值得注意的是，人们对新系统开发的关注超过了对测试和维护现有系统所需工具和技术的关注。以上这些弊端是由各种问题造成的，包括缺乏跨学科或多学科方法，缺乏基于应用的工作，软件工程方法有限，缺乏对集成、组成部分和系统的关注，等等。此外，传统工程课程中忽略了对相互依存关系的传授。就是说，系统被分解为各个组件，学生为之而设计，但是他们并不会考虑组件之间的联系。除了这些分析技能，CPS还需要将组件合成为系统的技能以及将多个学科和多种观点进行整合的技能。

由美国国家标准和技术研究所资助的研讨会出具的CPS未来机会报告支持大力改进CPS学位项目中的工科课程，强调系统科学，鼓励在工程中更加重视多学科研究。建立多部门协同的CPS学位项目及完善资源将有助于培育未来的CPS劳动力队伍，其目标是为CPS创建更正式的教学和培训方法。

建议3.2：NSF、专业协会及高校行政管理部门应支持在现有工程教育计划中开设新的CPS方向的课程，为CPS工程主修专业和辅修专业学生开设新的CPS特定课程，以及为CPS工程学士学位项目开设总体课程，并考虑为这些课程分配资源。

3.2 K-12教育课程

学生们在STEM方面的基础扎实，加上对CPS概念和应用有一定的了解，可以：①向他们介绍CPS方面的职业，②帮助他们为顺利完成CPS或其他STEM本科课程打下良好的基础，③使他们更容易适应四年学习生涯中的CPS课程，从而有个良好的开端。STEM的两门核心课程，即微积分和物理，以及编程和机器人技术方面的课程都可以扩展纳入CPS内容。此外，诸如机器人技术这样的应用可以提供及时且非常有吸引力的机会来激发STEM教育的积极性，并可专门引入CPS内容。例如，加州大学戴维斯分校计算和STEM综合教育中心（C-STEM）开发了一门基于机器人套件应用的顶点课程——"CPS的原理和设计"，旨在激发学生们对计算和CPS的兴趣。CPS导论课程也可作为高中职业技术教育课程的基石。

如果学生们在K-12阶段没有打下扎实的STEM教育基础，那么他们在未来的CPS学习中将处于相当不利的地位。此外，鉴于将CPS所需的广泛知识纳入四年制的学士学位课程极具挑战性，在K-12阶段介绍一些基础知识会有很大的好处。微积分和物理的学习已经标准化并且很受重视，尤其是对那些对STEM职业感兴趣的学生来说。相比之下，编程、机器人技术和其他与CPS相关的主题并没有得到明确界定或常态化。近期的一些举措，如广泛的"全民CS"倡议，旨在将计算机科学和计算思维纳入全美的K-12教育，并创造介绍CPS概念和基础的机会。

3.3 职业学院和社区学院

社区学院在为学生提供教育机会方面起着多种作用。对于一些人来说，社区学院是通往四年制院校获得学士学位的一种途径。因此，应该让这些学校工程专业的学生了解CPS，这将有助于他们未来在该领域的四年学习课程做好准备。此外，这些计划必须足够严格，以确保他们完成学士学位。

对其他专业的学生而言，社区学院提供了建筑、汽车修理等职业的培训。越来越多的职业将需要掌握CPS基本原理和知识，而这些基础知识可用于安装和维护依赖CPS的高级系统。包括汽车修理、HVAC的安装和维护及医疗保健在内的工作都要依靠职业教育。职业学院和社区学院的教育只有不断发展，才能培养新技能，并纳入新知识，来支持这些日新月异的专业和新兴领域，如太阳能系统、风力涡轮机系统和宽带通信系统等的设计、安装和维护。以沃什特诺（Washtenaw）社区学院为例。该社区学院设立的一个高级交通中心，正在致力于开发课程，创造职业培训机会，以及围绕汽车和其他先进交通系统之间的互联来加强社区学院和大学之间的联系。

社区学院还可用于更新知识和再培训持续发展的技术。因此，社区学院可以为已取得相关学科（如计算机科学、电气工程或机械工程）学位、处于职业生涯中期的专业人员提供增强CPS技术和能力的途径。可将一组教育模块改编成继续教育课程。如果为这些相关工程领域制定了工程师的许可证制度，那么这些改编而成的课程也许可以满足国家对继续教育的要求。

3.4 本科课程、关注点和计划

本部分介绍将CPS纳入本科教育的各种方法，首先讨论如何将CPS内容加入本科工程和计算机科学入门课程，以及如何创建概论课程以便更深入地介绍CPS。然后，介绍将CPS专业加入现有工程教育计划以及创建本科CPS课程的方法。最后，讨论了课程作业所需的灵活性、实践工作对CPS学习的重要性，以及开设新课程来讲授CPS的必要性。

目前的工科课程已涵盖广泛的内容，增加新课程的可能性不大，因此拟用针对CPS设计的新课程来取代现有课程。由于CPS有新的关注点，这些新课程将取代那些针对现有关注点的旧课程。例如，学生不需要学习控制、软件工程或网络化方向的课程，而是有选择地学习CPS方向的新课程。至于CPS学位，其课程可以包括从旧课程衍生出的新课程，并以此取代旧课程。

工程和计算机科学入门课程

如前所述，曾经纯粹的物理系统或网络系统现在越来越多地整合了对方的成分。例如，机械和航空航天工程师将不可避免地要将他们的物理设计与系统控制、自动化相结合。因此，工程师需要对物理技术和网络技术的整合以及对建立和维护CPS的复杂性有基本的了解。

大多数工程教育计划为工程专业新生提供了参加工程入门课程的机会。其中大部分课程是特定领域的，由各工学系或工学院开发和讲授。这些课程主要介绍领域内的总体情况，同时讲授基本的工程技能和问题解决方法。鉴于CPS的广泛使用及其对传统学科的影响，委员会建议这些课程应包括对CPS复杂性的讨论，并介绍CPS关键概念。

委员会认识到这些课程已经涵盖了一系列广泛的内容，可以穿插CPS的教学。例如，许多课程包括一个实践项目或为时一个学期的项目。可以通过提供真实世界的任务将CPS的概念与这些项目相结合。航天工程专业学生可以着手于无人机控制，土木工程专业学生可以研究智慧城市的影响，而机械工程师可以探索机器人。为学生介绍这些融合的挑战，就是要让他们知道一个人不是在真空环境中开发系统的，而是必须考虑外部影响，包括人为因素、现实世界的约束条件以及软件和物理学的限制等。

建议3.3：高校应考虑在工程和计算机科学所有领域的新生入门课程中增加CPS内容。

新的 CPS 概论课程

鉴于CPS需要广泛的知识，概论课程的结构设计可以采取以下几种方法：第一种方法是从CPS多学科领域选择模块，设计课程。这类课程可以包括传感器网络、嵌入式计算、信号处理、控制理论和实时系统等模块。双课程组合可以添加多个模块，包括保密性和隐私性、基于模型的设计、形式化方法、混合系统、数据科学和机器学习。模块化教学强调每个模块都不应完全独立于其他模块，课程原理和概念必须强调各个模块之间的交互。第二种方法是强调CPS的安全方面，包括容错性、基于模型的设计、并发和分布式算法、计算模型、规范和验证的形式化方法、实时系统和混合系统（在控制理论中）等等。第三种方法是侧重于建模、设计和分析，所有这些都来自多学科方法，明确关注网络世界和物理世界之间的相互依存关系。其主题可以包括连续和离散动力学、混合系统、并发计算模型、嵌入式系统、多任务和实时调度、时序逻辑、模型检验和定量分析，并且所有这些都强调与物理系统的集成。

无论采用何种方法，概论课程都应强调整合系统物理层面与网络层面的复杂性，至少应涉及第2章中概述的基础知识和系统特性。以下罗列了本科生高层次概论课程的一些例子，这些课程和项目仅代表在美国及全世界正在开发和不断发展的课程和项目的样本。虽然以下列出了主题，但值得注意的是，所有课程均包括动手实践项目或实验室工作，不应仅关注其课程主题，还要注意网络世界和物质世界的集成。

概述课程示例

CIS 541/441：针对生命关键型应用的嵌入式软件
英萨普·李（Insup Lee），宾夕法尼亚大学
该概论课程在计算机和信息科学系讲授，强调实时问题。先修科目是 C 语言或 Java 语言，计算机设计学或操作系统导论。该课程还包括一系列实施安全嵌入式系统的项目，如起搏器或输液泵。

主题

CPS 简介
• CPS 应用程序

- 特点和挑战

需求、建模和分析

- 基于模型的开发
- 需求捕获和建模
- 状态机、时控自动机
- 属性和模型校验
- 用户心智模型
- 体系结构描述语言
- 代码生成和综合

实现范例和技术

- 实时操作系统
- 编程范例和语言
- 基于组合和反馈的实时调度
- 计算机系统中的反馈控制
- 虚拟机、管理程序、分离核心程序（separation kernels）
- 嵌入式系统的组件、即插即用
- 混合临界系统
- 分布式实时系统概念：排序、全局时间、时钟同步
- 安全和隐私

确认、验证和认证

- 测试覆盖面和代次
- 基于模型的测试
- 闭环测试
- 运行监视和验证技术
- 人机交互
- 模块化和循证认证
- 危害性分析、保证案例

讲座

- 信息物理系统简介
- 实时嵌入式系统简介
- 实时操作系统、虚拟机、管理程序
- 实时调度：最早时限优先调度（EDF）、单调比率时限调度（RM）、服务器、优先级反转
- 多处理器实时调度

- 实时编程语言和范例
- 分布式实时系统：全局排序、全局时间、时钟同步
- 计算机系统反馈
- 医疗信息物理系统
- 起搏器挑战性问题
- 保证案例
- 医疗器械质量问题——美国药品食品管理局（FDA）的视角
- 正式建模和模型校验
- 扩展有限状态机、时控自动机
- UPPAAL 工具集：时控自动机和定时分支时序逻辑（CTL）、模型校验
- 从状态机生成 / 合成代码
- 测试，测试覆盖范围，测试生成
- 实时测试，基于模型的测试，闭环测试
- 运行时间核实
- 体系结构描述语言（AADL）
- 人机交互：用户界面
- 用户心智模型
- 项目演示：起搏器建模和实施、保证案例和演示

EECS 149/249A：嵌入式系统简介

爱德华·李（Edward A. Lee）、桑吉特·塞西亚（Sanjit A. Sehsia），
加州大学伯克利分校

该概论课程在电气工程和计算机科学学院开设。先修科目包括设计信息设备与系统或信号与系统，计算机功能结构和离散数学。该课程包括一系列实验室实践工作，最终形成一个团队项目，此项目必须与讲座中涵盖的各主题直接相关。（请参阅 https://ptolemy.berkeley.edu/projects/chess/eecs149/index.html。）

主题

计算模型

- 有限状态机
- 线程
- 常微分方程
- 混合系统
- 离散事件
- 数据流

基本分析、控制和系统仿真
- 互模拟（bisimulations）
- 可达性分析
- 控制器综合
- 近似连续时间系统

与物理世界建立联系
- 传感器／执行器建模和校准
- 并发处理多个实时流
- 处理软件中的数值不精确问题

映射到嵌入式平台
- 实时操作系统
- 执行时间分析
- 调度
- 并发

分布式嵌入式系统
- 协议设计
- 可预测的网络
- 安全

讲座
- 信息物理系统概述
- 传感器和执行器
- 基于模型的设计和连续动力学
- 内存体系结构
- 输入和输出
- 建模模态行为和离散动力学
- 扩展时控自动机
- 状态机的组成
- 分层状态机
- 技术参数和时序逻辑
- 状态机比较
- 可达性分析
- 在 CPS 自动分级器中使用时序逻辑
- 多重任务处理
- 操作系统、微内核和调度

- 异常现象调度
- 执行时间分析
- 同步、反应性和数据流模型
- 嵌入式系统的安全性
- 网络嵌入式系统

传统工程教育计划与 CPS 专业化

传统的本科工程教育计划（如航空航天工程、土木工程、机械工程和化学工程）也将受益于CPS原理在课程中的整合。一些领域（如航空航天工程和机械工程）的教学囊括CPS原理已经有一段时间了，但主要是从物质世界的角度进行整合。如今面临的挑战是要增加网络元素及其与物理元素交互的知识；确保将CPS原理纳入课程进行变革，以满足工程与技术认证委员会（ABET）的要求；和使得学生为通过国家工程设计和测量基础工程考试委员会（FE）的考试做好充分的准备。

目前，将CPS原理纳入特定领域课程的程度因学科而异。土木和机械工程本科课程要求学生在大学前两年学习数学、自然科学和基础工程及科学等课程。大学第三年主要介绍在各自学科的重点领域。例如，土木工程的重点领域包括结构、地质技术、运输、环境、水文/水力学和建筑工程；机械工程的重点领域包括机器人和控制、热流体系统、制造和固体力学。在大学第四年，大多数学生通过技术选修课专注于某一个领域来培养专长。毕业设计课程通常也是大四课程的一部分教学内容。

例1和例2展示了两个示例课程：一个是机械工程，还有一个是土木工程。这两个例子是从几所高校的现有课程提炼而来，在某种程度上说明了机械工程的CPS核心课程和技术选修课要多于土木工程。然而，这些现有课程可能需要重新设计，才能让学生更好地了解CPS的网络层面及其与物理层面的相互作用交互。

两种课程都提出了以CPS为核心的新课程。这些课程仅作为示例，并且可以拓展出更多CPS方向的、适合特定领域的课程。鉴于如今ABET鉴定过程比较灵活，并且这些课程将主要作为技术选修课的一部分，满足ABET鉴定要求或让学生为通过FE考试做好充分准备的问题应该不大。事实上，一些新的课程主题（如信号和系统、传感器网络和结构健康监测）已经成为一些工科本科课程的选修课而存在。随着领域的发展，这种灵活性还将允许CPS课程有所变化。

例 1 机械工程专业四年制学士学位课程模块

数学和自然科学（9 门课程）
- 微积分 I
- 微积分 II
- 矢量微积分
- 微分方程
- 线性代数
- 概率和统计
- 物理学 I（力学和动力学）
- 物理学 II（电学和磁学）
- 普通化学

传统机械工程课程（13 门课程）
- 工程图形和设计导论
- 力学 I（静力学）
- 力学 II（动力学）
- 固体力学
- 流体力学
- 热力学
- 系统动态
- 工程材料科学
- 实验技术实验室
- 机械工程系统实验室
- 热传递
- 设计、材料和制造
- 工程经济

现有机械工程课程体系中的 CPS 相关课程（5 门课程）
- 计算导论
- 电路和电子
- 工程计算方法
- 仪器和电子实验室
- 毕业设计（以 CPS 为重点的项目）

CPS 方向的技术选修课（5 门课程）

<u>建议以 CPS 为核心的新选修课程</u>
- CPS 原理
- 网络嵌入式系统编程
- 信号和系统
- 动态系统控制
- 基于模型的系统工程

<u>现有机械工程课程中与 CPS 相关的选修课程</u>
- 运动控制的建模和控制
- 制造系统的微处理器控制
- 机器人
- 仿生设计
- 跨学科设计
- 生物医学仪器
- 机电一体化
- 传感器网络

社会科学、经济学、人文学科（8 门课程）
（略）

例 2 土木工程专业四年制学士学位课程模块（CPS 方向）

数学和自然科学（10 门课程）
- 微积分 I
- 微积分 II
- 矢量微积分
- 微分方程
- 线性代数
- 概率和统计
- 物理学 I（力学和动力学）
- 物理学 II（电学和磁学）
- 普通化学
- 科学选修课（生物学或地球科学）

传统土木工程课程（13 门课程）
- 工程图学导论

- 力学 I（静力学）
- 力学 II（动力学）
- 固体力学
- 流体力学
- 热力学
- 环境工程
- 土木工程材料
- 必备选修课（选修结构工程、建筑管理、环境工程系统、水利工程、地质技术工程、运输工程方面 4 门课程）
- 工程经济学

现有土木工程课程体系中的 CPS 相关课程（3 门课程）

- 工程师计算
- 土木工程系统（需要以 CPS 为重点开发）
- 毕业设计（以 CPS 为重点的项目）

技术选修课（6 门课程）

当前土木工程课程很少有面向本科生的以 CPS 概念为重点的选修课程。如果重新设计，可以在目前的一些选修课程中纳入 CPS 原理：

示例课程
- 地理信息系统
- 运输规划与设计
- 基础设施恢复
- 环境地质工程技术
- 地下表征
- 环境系统设计
- 建筑信息建模
- 概念结构设计
- 结构工程的计算和图形工具
- 结构系统测试和模型相关分析

建议以 CPS 为核心的新选修课程
- CPS 原理：可持续基础设施
- CPS 原理：城市规划
- 信号和系统
- 土木工程系统的传感器网络
- 基于模型的系统工程

- 结构健康监测
社会科学、经济学、人文科学（8门课程）
　　（略）

CPS 学士学位课程

委员会进一步用示例来说明CPS学士学位的课程。设计一个CPS学位项目是相当复杂的，即使不考虑资源限制也还有许多混杂因素。虽然这类课程是基于上文所述的基础和系统特性而设计的，但是我们难以制作出统一的理想课程，其主要原因在于：

- 需要太多现有课程深度覆盖CPS内容。因此，如果没有认真考虑程序设计，那么无论是物理层面还是网络层面都将难以实现。

- 一个人的专业会影响其对理想课程的看法。例如，对于控制理论专家来说，单门控制课程所覆盖的主题是达不到他们认为必要的深度的。除了嵌入式系统控制课程之外，可能还需要基础控制课程。

委员会强调，所提供的示例是基于对这些复杂性的理解而开发的，仅仅作为例子，并不作为标准课程。其注意事项和重要说明将在下文论述。

例3展示了CPS学士学位课程的一个例子。该例限定了40门四年制学士学位课程。为了使学生打下良好的CPS的物理基础，一系列数学和自然科学课程是很有必要的，例3展示了其中10门课程。如果学生放弃参加任何早期课程，也应该可以用选修课程进行灵活替换。例3还列举了12门课程，以此作为这个新专业的核心课程。不同的高校可以选择不同的课程结构，但是要在课程中体现这些内容。

在工科院校或计算机院校（schools of computing），计算机科学和工程可能被划分为自然科学。在计算机科学专业和电气工程专业，CPS课程比重均已逐步增加，由此造成CPS课程模块将有所不同（见例4和例5）。这两种课程都将提供将物理和网络紧密结合的教学，只是重点有所不同。大多数高校允许电气和计算机工程及计算机科学学位的课程交叉进行，这往往会淡化两者的区别，并为学生学习CPS时提供获得平衡视角的机会。

例 3 CPS 四年制学士学位课程模块

数学和自然科学（10 门课程）
- 微积分 I
- 微积分 II
- 微分方程
- 线性代数
- 概率和统计
- 逻辑
- 物理学 I（力学和动力学）
- 物理学 II（电路）
- 化学或生物学
- 离散数学

CPS 核心课程（12 门课程）
- CPS 导论（新生实验课程）
- 计算机编程
- 数据结构和算法
- 物理系统编程
- 软件工程
- 基于模型的系统设计
- 计算的异质模型
- 形式化方法和综合
- 资源感知的实时计算
- 控制系统
- 最优化
- 数字信号处理

毕业设计（2 学期，2 门课程）
- 行业参与
- 来自其他领域（包括业务和管理教育计划）的跨学科团队

CPS 选修课（2 门课程）

可能的主题：不确定性推理、保密性、隐私性、无线传感器网络、计算机体系结构、操作系统、数据库、数据科学、云计算、通信网络、网络科学、网络控制、弹性系统、信息理论、机器学习、人工智能、最优化、机器人、随机系统、自适应系统

社会影响选修课（3 门课程）

- 将领域独立的基础融入特定领域
- 向学生展示其 CPS 技能组合所提供的赋权意识（sense of empowerment）
- 伦理

可能的主题：现代航空电子设备、汽车系统、机器人、智能建筑、智能运输、智能电网、医疗设备、空中交通管制、无人机

社会科学与人文学科（8 门课程）

　　（略）

自由选修课（3 门课程）

　　（略）

例 4　CPS 四年制学士学位课程模块

数学和自然科学（11 门课程）

- 微积分 I
- 微积分 II
- 微分方程
- 线性代数
- 概率和统计
- 逻辑
- 物理学 I（力学和动力学）
- 物理学 II（电学和磁学）
- 化学或生物学
- 数学选修课（分析、代数、图形理论）
- 自然科学选修课（统计物理、生物化学、系统生物学）

CPS 导论（1 门课程）

新生实验课程，强调 CPS 系统的实践与多学科团队合作

计算基础（5 门课程）

- 物理系统编程
- 计算的异质模型
- （分布式）算法
- 形式化方法和综合
- 资源感知的实时计算

CPS 核心（7 门课程）

- 数字信号处理

- 网络
- 随机系统（估算、检测、推理、适应）
- 基于模型的系统设计
- 中级平台实验室（物联网实验室、机器人、传感器网络、医疗设备）
- 控制系统
- 优化

CPS 选修课（3 门课程可选）

可能的主题有：保密性、隐私性、数据科学、云计算、网络、网络控制、弹性系统、信息理论、机器学习、人工智能、最优化、自适应系统

毕业设计（2 学期，2 门课程）

- 行业参与
- 来自其他领域（包括业务和管理教育计划）的跨学科团队

社会影响选修课（2 门课程）

- 将领域独立的基础融入特定领域
- 向学生展示 CPS 技能组合所带来的赋权意识（sense of empowerment）

可能的主题有：现代航空电子设备、汽车系统、机器人、智能建筑、智能运输、智能电网、医疗设备、空中交通管制、无人机

社会科学与人文学科（7 门课程）

（略）

自由选修课（2 门课程）

（略）

例 5 计算机科学领域 CPS 四年制学士学位课程模块

数学和自然科学（11 门课程）

- 微积分 I
- 微积分 II
- 微分方程
- 线性代数
- 概率和统计
- 逻辑
- 离散数学（计算机科学的数学基础）
- 物理学 I（力学和动力学）
- 物理学 II（电学和磁学）
- 生物学或化学

- 物理实验室课程

CPS 导论（1 门课程）

新生实验课程，强调 CPS 系统的实践和多学科团队合作

CPS 工程基础（6 门课程）

从以下选择 6 门：

- 物理系统/嵌入式控制系统编程(在修满2门编程课后)，专攻不确定性、风险管理、可靠性和保密性
- 网络嵌入式系统，包括无线网络、传感器网络、实时和控制输入、分布式系统和通信网络
- 基于模型的开发——建模、逻辑、形式化方法和综合，均面向 CPS
- 线性、反馈和控制系统
- 数字信号处理
- 随机系统（估算、检测、推理、适应）
- CPS 的人为介入
- 最优化
- 电路

CS/CPS（9 门课程）

- 计算机编程、语言和技术 I
- 计算机编程、语言和技术 II
- 数据结构和算法
- 计算机体系结构
- （实时）操作系统
- 算法和复杂性

以及从以下选择 3 门：

- 数据库（CS）
- 网络和安全
- 计算机网络
- 计算机安全
- 软件工程（CS）
- 机器人
- 人工智能（CS）
- 机器学习（CS）
- 高置信度 CPS 应用的安全性、保密性、隐私性

毕业设计（2 学期，2 门课程）

- 行业参与

> •来自其他领域（包括业务和管理教育计划）的跨学科团队
> **社会影响选修课（2门课程）**
> •技术与社会
> •工程与科学伦理
> **社会科学与人文学科（7门课程）**
> 　　（略）
> **自由选修课（2门课程）**
> 　　（略）

课程的注意事项和说明

（1）课程作业的灵活性

在如今的工科院校，课程设置的灵活性对学生而言是很有必要的。越来越多的高校增设了选修课，降低了规定性课程的数量。工科课程灵活性的增强，为学生提供了更多通过概论课、工程选修课以及辅修科目或证书课程来学习CPS的机会，同时避免了前文所讨论的认证问题。

因此，委员会提供的示例课程是具有灵活性的。例如，例3的课程示例描述了2门CPS技术选修课、3门社会影响选修课、8门社会科学与人文学科课程和3门自由选修课。CPS导论和毕业项目的讲授方法也存在灵活性。

（2）实验室及实践工作的价值

目前，基于项目的学习越来越多地出现在高校工科课程中。CPS特别适合于开展实践学习活动和实验室工作，并且基于项目的学习似乎特别适合于展示网络层面和物理层面整合所具有的复杂性。仅依靠理论培训或被动等待本科阶段最后的毕业设计项目，是无法充分将所有概念联系在一起的，所以将理论学习持续运用到实际问题中将是关键所在。包含传统作业、考试和项目的课程大纲越来越普遍。课程项目旨在通过汇集课程中介绍的诸多概念来解决特定的现实问题。在一个基于项目的课程的开创性案例中，教师与学生主要是在实验室接触，以提升创造性，促进团队合作和最终产品的有效完成。学生选择几个现实问题并进行团队合作，为这些问题制订完整的原型方案。学生进行硬件构建，从现有的硬件组件中构建新硬件，并学习将硬件与有效软件进行集成以产生解决实际问题的方案。

　　除了课程项目，学生一般还要完成毕业项目，将他们的研究运用到大型项目中，这些项目需要整合概念并与具有多个领域专业知识的学生进行团队合作。在一些示例中，其中有些项目是跨课程联动的。

　　建议3.4：总的来说，工科院校已经在重新设计课程，来强调基于项目的学习。因为这对于CPS教育尤为重要，所以这些基于项目的课程应该加以拓展来支持CPS原理和基础知识的学习。

　　目前，CPS方向的项目课程教学特别有挑战性，因为可用的软硬件变化日新月异。在这种情况下，采用传统方法来确定一个每年都能使用的项目任务是不可能的。这种项目课程的教学需要定期购买新的硬件和软件，并且需要足够的技术支持和专门知识来应对各种可能性。这些课程只有得到课程管理者和实验室技术人员的支持才能持续。

　　（3）对新课程的需求

　　仅仅将当前课程罗列到新的CPS教育计划中可能是不够的。如果采取这种方法，学生将无法真正接触或了解物理层面和网络层面交互的复杂性。举一个简单例子，大多数标准的计算机科学课程是不包括实时编程的，即便该主题对于构建与物质世界交互的CPS是十分必要的。

　　另外，关于控制的标准课程通常忽略实现控制器的计算模型。那些涵盖控制系统计算实现（通常称为数字控制系统）的课程通常有不切实际的计算模型。换句话说，他们认为计算资源是无限的或计算模型已过时。而且，有关控制系统的典型导论课程不会教学生如何界定将控制囊括到现代CPS应用设计流所需的形式要求。

　　研究发现3.2：由于CPS工程聚焦于系统物理层面和网络层面的交互作用，仅通过合并现有课程来创建CPS课程是不够的。我们需要设计新的课程。

　　这一点很重要，所以我们通过下面的示例来说明如何修改传统课程以涵盖CPS所需的主题：

　　• **控制理论**。电气工程中的控制理论课程强调线性和非线性反馈系统的稳定性、性能、优化和设计等主题。混合控制是CPS的一个重要主题，在这些课程中受到越来越多的关注。CPS所需的其他主题包括控制理论与网络及实时分布式系统的连接、人为介入、保密性、软件等等。控制实例可以通过CPS相关的物理、网络和网络元素等示例得到补充。我们要知道如何在软件中实施控制策略并确保实时性能和安全。新设计的CPS课程需提供足够的基础知识，增加所需的额外主题，同时还需减少对稳定性证据等一些传统主题的关注。

• **软件设计和编程课程**。传统课程中使用的示例是非物质世界应用，这些应用通常没有充分考虑物质世界的不确定性、实时性和安全性。至于CPS，学生很有必要学习传感器和执行器编程。例如，理解传感器的属性，以及不让其属性隐藏在高级应用程序接口的背后是很重要的。进一步举例来说，软件若未恰当处理来自着陆器中着陆传感器的瞬态信号，可能致使火星着陆器过早地"认为"自己已经接触表面，从而使得它在距表面相当远的地方就关闭制动火箭，最终导致任务失败。学生必须学会以稳健和安全的方式编程，包括如何制作反馈控制器以及如何利用不同复杂程度的信号处理技术。将实时性原则运用到系统设计和实现中以满足最后期限要求也是至关重要的。当用户控制可能使人或主要系统处于危险境地时，与用户交互的CPS软件也需要特别注意。

• **概率和随机过程**。概率、不确定性和风险等基本原理应该被用于CPS型物质世界系统、噪声传感器和信号属性，以及在非确定性环境中运行的由软硬件组成的系统的总体风险评估和管理。学生还需要知道如何利用概率和不确定性概念进行决策。那些告知学生如何将关键原理运用于CPS领域（如智能电网、喷气发动机控制或医疗系统）的课程变得越来越重要。

3.5 硕士学位项目

有少数理学硕士学位聚焦于嵌入式系统或CPS。除了现有的一些教育计划，委员会认为提供示范课程意义非凡，特别是考虑到许多现有计划注重电气工程或计算机科学。另一种可能性就是，将CPS增加到机器人学研究生课程中。

例6所展示的模块是学生可以在一年内完成并获得学位的，尽管学生通常需要1～2年时间来达到所有的要求，并要开展一些研究。课程被分为必修的核心课和选修课。对于采取学期制的教学部门，•其学生共要上8门课程。那些希望在一年内拿到硕士学位的学生需在春、秋两个学期各学4门课程，或者在秋、冬、春三个学期各学3门课程。该硕士学位还需要设一个项目，用以说明在现实世界中设计能有效工作的CPS所面临的挑战。

例6 一年制 CPS 理学学士学位的课程模块

CPS 核心课程（7 门课程）
- CPS 导论
  —介绍 CPS 的所有核心课程及其与 CPS 的关系
- CPS 架构
  —传感器、执行器、网络、分布式计算
- 嵌入式实时系统
  —强调在有线网络和无线网络中使用嘈杂传感器数据及时可靠地进行计算
- 形式化方法
  —计算的形式模型，包括离散计算和模拟计算
  —形式规格和验证
- 信号处理
  —硬件和软件上的数字信号处理
  —强调网络上的分布式信号处理
- 反馈控制
  —物理过程和计算过程的建模
  —符合稳定性、安全性、活性和其他要求的设计技术
  —硬件实现
- 不确定性推理
  —建模不确定性、统计推断、检测和估算的基础

选修课（3 门课程）
- 计算机和网络安全
  —覆盖利用计算的物理性质（如时间、温度、辐射）的攻击混合系统
  —包含离散和连续组件的系统的建模、验证和控制
- 网络控制系统
  —有线网络和无线网络控制
  —延迟、数据包冲突和协议对性能的影响
- 计算机体系结构
- 系统工程
- 传感器网络
- 医疗嵌入式系统
- 机器人
- 机器学习
- 数据建模

4.CPS 课程的开发和组织

在建立和完善CPS课程来支持当前和未来的劳动力需求方面，我们还有很多事情可以做：一是在K-12阶段以及在高校入门课程中尽早涉及CPS概念和应用；二是建立所需的教师队伍，这是极具挑战性的，因为许多高校几乎没有支持广大教师进行跨学科领域工作的机制；三是教授CPS课程所需的资源（包括教科书、试验台和实验室空间）可能还有极大的丰富、完善的空间。本章讨论学术界、业界及NSF为加强本科CPS教育可以采取的举措。

4.1 吸引学生学习 CPS

学生最初可能是因接触CPS相关的技术领域（如机器人、自动驾驶汽车和物联网），或接触那些致力于解决国家和世界在可持续发展、环境和健康等领域面临的问题的应用，而被CPS所吸引。此外，学生可能还要建立起这些主题和CPS学科之间的联系。

如本报告第3章所述，在K-12阶段奠定扎实的STEM基础，以及接触CPS的概念和应用，会吸引学生在本科阶段学习CPS并为之做好准备。值得注意的是，K-12的几门STEM课程向学生介绍了CPS概念，其中许多都是基于机器人技术的。这些课程使用的具体的CPS示例，介绍CPS概念的有效方式，强调了它们与STEM教育要素的相关性。

业界在 CPS 计划和课程发展中的作用

虽然开发 CPS 计划和课程的大部分工作是学术界的责任，但业界也可以发挥重要作用。业界的潜在作用包括：

- 鼓励业界专家作为客座教授或兼职教师参与支持 CPS 计划的开发；
- 为 CPS 课程和课程体系的设计，以及如何培养学生为企业实习或工作做准备提供持续的反馈；
- 为开发反映当前水平的课程材料、计划和试验台提供财务或实物支持。

在本科阶段，CPS的概念可以通过再次建立CPS与相关技术领域之间的联系来加强。正如本报告第1章提出的建议，CPS导论可以作为新生工程导论课程的一部分内容。教师不必回避会激发学生兴趣的其他话题，即使他们希望学生要更多地学习支持这些领域的CPS基础知识。

学生，特别是大学生，都非常关注各个工程学科领域的工作机会及工资待遇。因此，宣传CPS的职位需求以及提高薪酬也将推动这一领域的发展。邀请业界的讲者可使导论（和其他CPS）课程通用并引人注目，也可增加学生接触行业的机会。

研究发现 4.1：尽管高中阶段和本科阶段都有很多介绍 CPS 原理的 STEM 课程和项目，但是这些课程通常无法全面介绍 CPS 基础知识和原理，而往往聚焦于一些过于简单的应用或过于注重学科内容。

建议 4.1：开发 K-12 阶段的 STEM 课程以及教育和培训 STEM 教师时应该考虑利用 CPS 概念和应用来丰富这些课程，以便学生为未来的工作奠定知识基础并提供与 CPS 职业接触的机会。

研究发现 4.2：即将入学的大学生并不熟悉 CPS 术语、CPS 概念及 CPS 领域的工作机会，但是他们对那些日益广泛可见的 CPS 相关主题更感兴趣，如机器人、物联网、健康医疗、智慧城市及工业互联网。

建议 4.2：开发 CPS 课程和项目时应考虑利用机器人、物联网、健康医疗、智慧城市、工业互联网等领域的知名度和职业、课程和项目的描述，以及选择课程和项目所采用的应用程序对学生兴趣的影响。

4.2 招聘、留住和培养所需教师

CPS不仅存在于多门学科，而且存在于各学科的交叉点。讲授CPS基础、专业或基于项目的课程的教师将要了解CPS的多学科知识。CPS教师不仅要深入了解CPS的某个方面，还要有能力将自己的专业知识与CPS系统的其他方面及其在特定领域的需求联系起来。下面简要讨论招聘、留住和培养所需CPS师资队伍的举措。

招聘教师

该领域研究的持续推进，将培养出更多的CPS专业新教师。从长远来看，理想的教师招聘条件包括：①毕业于CPS专业或具有CPS学位；②具有开展CPS研究的经验；③具有CPS技术方面的企业经验。此外，对教师岗位的要求将明确提及CPS教育和研究。事实上，现在已有几所高校在教师招聘中纳入了CPS方面的条件。

目前以及在不久的将来，在CPS教育颇具规模之前，各院系要招的是既有知识深度又有知识广度的CPS教师。招聘者需要的是高度自主、极富魅力的教师，因为他们将在吸引学生接受CPS教育方面发挥重要作用。招聘还需要打破传统学科壁垒，这将不可避免地导致其与传统研究领域相竞争。

我们必须承认的是，目前的教学资源很有限，高校可能不愿意通过将CPS作为现有计划中的一个新学科来增加额外的负担。因此，新聘教师往往仅限于能够支持高校目前的核心课程的人员。因此，开发一个特定的CPS学位项目将创造明确的机会，来聘用那些具有CPS领域教学和研究背景的人。

留住教师

当前的学术系统，特别是在终身教职和晋升方面，很大程度上是建立在教师在该领域的知识深度以及在学科内发表的成果基础之上的。因为CPS教师的研究更加广泛，他们可以在多种地方发表成果，而当前的晋升标准可能会阻碍专攻CPS的教师的发展。然而，CPS方面有许多公认的会议（如CPS周）、教科书和计算机协会新刊《CPS学报》（*Transactions on Cyber-Physical Systems*）。此类活动和出版物创建出一个不断发展的CPS学术社区。具有多学科背景的CPS年轻教师可以将自己定位为CPS研究人员，并仍然可满足学术评价标准。有趣的是，考虑到该领域是新兴领域，年轻教师更容易成为CPS领域的领导者，因为他们不需要去其他拥有大量公认领军人物的更成熟领域开辟新天地。

培养教师

那些在自己的领域内已取得成功，在获得终身教职后立即进入这个交叉学科领域的教师们，大多将进行CPS教育和研究工作。未来，委员会期望将新的初级教师培养成CPS教育工作者。鉴于该研究涉及范围太广，委员会并没有探究CPS领域的博士学位项目开发。例如，它没有考虑博士生所需的大量培训在硕士课程内容中的覆盖程度。然而，随着时间的推移，如果对教师的需求以及研究资助机会都得到持续，那么我们可以预料到各学校都将开设CPS博士课程。此外，如果CPS遵循其他工程学科的模式，博士水准的工程师将在业界担任重要的技术领头人的角色，并且更多的博士将到企业工作，而不是追求学术事业，这会进一步推动对CPS博士课程的需求。

当前，新型CPS专业教师正在不断出现，教学模块的使用可以减少一些对教育工作者的时间和资源方面的限制。委员会设想，CPS学科领域的专家可以设计和共同讲授新课程或建立课程模块，以便为学生联合讲授复合材料。这样的共同教学机会将有利于合作教学的教师发展成为越来越熟练的CPS教育工作者。像美国工程教育工作者协会这样的专业组织，可以促进CPS中的创新教学发展，以及为促进关于CPS教育最佳实践的信息交流提供会议机会。

业界专家可以以客座教师、兼职教师或访问教师的角色促进CPS教育计划的发展。一个领域的专家与其他领域的专家合作讲授一个模块化课程时，跨学科教学的机会就出现了。

高校、企业和政府实验室也必须识别和奖励CPS教育的优秀导师。例如，基于项目的课程是特别重要的，学生可以解决涉及真实物理系统的定义明确的、与安全项目相结合的问题。学生将面临要设计和开发切实可行的解决方案的挑战，本科生在CPS方面的研究经验，以及企业和政府实验室的暑期实习计划，将进一步促进本科层面的CPS学科发展。如果没有专门的导师来激发学生探索CPS工程，以及激励他们（如果追求CPS教育）探索职业的可能性，那么这类计划将无法成功。

研究发现4.3：由于CPS是一个跨学科的全新领域，并非所有高校都有充足的合格师资来讲授CPS学位项目中的全部课程。

建议4.3：NSF应通过教学拨款和奖教金来支持CPS教师的发展。

4.3 课程开发与资源

本报告第3章从概论课程（survey courses）到完整的学位课程列出了本科生教育计划的几个选择。所有这些选择的共同点是需要新的课程或重新设计课程才能讲授CPS的复杂性，并且对强化关键概念和集成非常关键的实践与工作机会也至关重要。

对高校而言，为了支持新的教育计划，他们需要适当的资源，包括新的教科书、试验台和实验室空间。目前可支持CPS的教科书、课程材料和实验室设施非常有限。

很少有教科书能全面概述CPS，这样的教科书对讲授精心设计的概论课程至关重要。委员会在研究工作期间因几本教科书的发行而备受鼓舞。因为没有一本书可以满足他们的需求，爱德华·李和桑吉特·塞西亚在加州大学伯克利分校开发概论课程时自主编写了一本新的教科书《嵌入式系统简介：信息物理系统方法》。拉杰夫·阿卢尔（Rajeev Alur）还于2015年出版了一本书，名为《信息物理系统原理》。

用于标准工程课程（如控制或信号处理）的传统教科书可能不会完全涵盖物理系统对网络技术的影响。正如课程需要进行全新设计一样，教科书也要大幅度修订。两者有时可以通过补充CPS材料、练习和实验室项目来完成。

此外，CPS的内容通常非常复杂，学生需要充分了解物理环境对这些系统的影响。学生从现实模型中可以了解这方面的一些知识，但是在基于项目的学习中，进行实践参与对理解CPS的复杂性是必不可少的，参与复杂的跨学科项目将有助于开发所需的系统思维。能否为学生提供这些机会取决于是否具备适当的条件。

设计实验室是可行的一个选择，学生可以在其中与跨学科团队一起致力于开展CPS综合项目。另一个可行的选择就是让学生访问试验台，该试验台应允许协同设计物理和计算组件，以体现集成仿真和试验的好处。对学生来说，接触试验台也是很重要的，因为这是行业实践的一个关键要素，是发展过程中的一部分。行业试验台的典型示例是硬件在环（hardware-in-the-loop），可以结合仿真和物理设备，可能降低成本和复杂性，增加物理组件的灵活性，但其中仿真的保真度并不足够理想。试验台的创建和维护费用昂贵，导致许多高校没有或不会分配资源来创建这样的试验台。机构之间的合作以及机构与行业之间的伙伴关系有助于分担成本和加强对现有资源的利用，以及确保试验台反映工艺和实践的现状。

研究发现 4.4：如果高校计划讲授新的 CPS 课程并创建 CPS 教育计划，那么它们应分配时间与资源来开发CPS课程材料，并提供必要的实验室空间与设备（包括虚拟的与现实的试验台）。

研究发现 4.5：试验台要为学生提供足够真实的应用和问题。这些试验台可以是虚拟的也可以是实体的，多个机构之间可以远程访问和共享，并且可与企业合作开发和操作。

建议 4.4：NSF、专业协会及高校应该共同支持 CPS 教科书、课程模块（包括实验室模块）、试验台的开发与更新。这些参与方应该与企业合作开发并维护现实的试验台。

4.4 促进 CPS 学科和 CPS 教育发展

如上所述，我们可以做更多的努力来提高潜在学生对CPS职业机会的认识。在业界，虽然人们逐渐意识到对CPS技能的需求，但是并非普遍知道有效设计CPS所需的全套技能。

对研究的持续支持有助于研究生将研究集中在CPS方面，这反过来又会产生可以建设和讲授CPS学科的下一代初级教师。研究还会带来更多会议论文及期刊论文，以及创造出创新的想法。因研究资助所产生的这些成果有助于将CPS定义为一门被认可的学科，并能全面增强技术社区内的意识。随着CPS的专业化和学位课程的出现，以及随着受过CPS培训的工程师对行业做出的重要贡献，CPS也将变得更加令人瞩目。

领域内的这些人可以通过拓展与企业的联系、准备有关材料、参加工作坊和研讨会等方式，来加深对以下方面的认识：CPS是什么（和不是什么）、CPS的复杂性，以及雇用受过CPS领域教育的人员可获得什么。这种教育可能是被动的（如通过网络获取材料），也可能是主动的（如通过工作坊和研讨会）。

在高校，对CPS教育的一些推动很自然地会是自下而上的，也就是说，教师们会努力将CPS材料纳入课程并开发CPS课程。然而，与任何新兴的跨学科领域一样，要让这些举措深入人心，高校管理者的鼓励和支持至关重要。高校的许多行政机构已经紧密结合CPS来推动有关教学和研究工作，例如，课程强调具有直接社会影响的工程应用，工程教育计划以跨学科的团队合作和复杂的现实系统为导向。高校行政部门还可以通过提供必要的人员、实验室空间和启动资金来支持新兴的或规划好的CPS教育。

（来源：National Academies of Sciences, Engineering, and Medicine et al., 2016. *A 21st Century Cyber-Physical Systems Education*. Washington, D.C.: National Academies Press. 翻译：姜月鑫、姜天悦、谢彦洁、蔡雯莹、陶瑜、张婉滢；校对：何秋琳。）

参考文献

Alur, R. 2015. *Principles of Cyber-Physical Systems*. Cambridge, MA: MIT Press.

Byers, T., Seelig, T., Sheppard, S., and P. Weilerstein, 2013. Entrepreneurship: Its role in engineering education. *The Bridge*, 43(2): 35-40.

EU-Japan Center for Industrial Cooperation, 2015. Digital economy in Japan and the EU: An assessment of the common challenges and the collaboration potential. Tokyo, Japan, March. https://www.eu-japan.eu/sites/default/files/publications/docs/digitaleconomy_final.pdf.

Food and Agriculture Organization, 2011. Global food losses and food waste, Rome, Italy, http://www.fao.org/food-loss-and-food-waste/en/, p. v.

Gartner Inc., 2015. Gartner says 6.4 billion connected "things" will be in use in 2016, up 30 percent from 2015. https://www.gartner.com/en/newsroom/press-releases/2015-11-10/gartner-says-6-billion-connected-things-will-be-in-use-in-2016-up-30-percent-from-2015.

General Electric and Accenture, 2014. Industrial internet insights report for 2015, http://www.ge.com/digital/sites/default/files/industrial-internet-insights-report.pdf.

Ian Smith, ed., 2012. The Internet of Things 2012: New horizons. Internet of Things European Research Cluster, Platinum, Halifax, U.K.

Lee, E. A. and Seshia, S. A., 2017. *Introduction to Embedded Systems: A Cyber-Physical Systems Approach*. Second edition. Cambridge, MA: MIT Press.

McKinsey Global Institute, 2015. Unlocking the potential of the Internet of Things. http://www.mckinsey.com/business-functions/mckinsey-digital/our-insights/the-internet-of-things-the-value-of-digitizing-the-physical-world.

National Academy of Engineering, 2004. *The Engineer of 2020: Visions of Engineering in the New Century*. Washington, D.C.: The National Academies Press.

National Academy of Engineering, 2005. *Educating the Engineer of 2020: Adapting Engineering Education to the New Century*. Washington, D.C.: The National Academies Press.

National Academies of Sciences, Engineering, and Medicine, 2016. *Barriers and Opportunities for 2-Year and 4-Year STEM Degrees: Systemic Change to Support Diverse Student Pathways* (eds. Malcom, S. and Feder, M.). Washington, D.C.: The National Academies Press,

National Institute of Standards and Technology, 2013. Strategic R&D opportunities for 21st century cyber-physical systems: Connecting computer and information systems with the physical world. http://www.nist.gov/system/files/documents/el/12-Cyber-Physical-Systems020113_final.pdf.

National Institute of Standards and Technology, 2016. Cyber-physical systems. https://www.nist.gov/el/cyber-physical-systems.

National Research Council, 2015. *Interim Report on 21st Century Cyber-Physical Systems Education*. Washington, D.C.: The National Academies Press.

National Science Foundation, 2016. Cyber-physical systems (CPS). https://www.nsf.gov/funding/pgm_summ.jsp?pims_id=503286.

President's Council of Advisors on Science and Technology, 2007. Leadership under challenge: Information technology R&D in a competitive world. https://www.whitehouse.gov/administration/eop/ostp/pcast/docsreports.

President's Council of Advisors on Science and Technology, 2010. Designing a digital future: Federally funded research and development in networking and information technology. https://www.whitehouse.gov/administration/eop/ostp/pcast/docsreports.

Samad, T. and Annaswamy, A. M. eds., 2011. The impact of control technology, IEEE Control Systems Society, http://ieeecss.org/impact-control-technology-1st-edition.

SUPA KT, 2012. High level strategic research and innovation agenda of the ICT components and systems industries as represented by ARTEMIS, ENIAC and EPoSS. http://kt.supa.ac.uk/market/artemis-eniac-eposs.

UC Davis C-STEM Center. C-STEM Math-ICT curriculum. http://c-stem.ucdavis.edu/curriculum/ict-pathway/.

UC Santa Cruz. CMPE249: Introduction to cyber-physical systems, https://courses.soe.ucsc.edu/courses/cmpe249.

Washtenaw Community College. Advanced transportation center, http://sites.wccnet.

edu/atc/.

Winter, D. C., 2008. Testimony at a hearing on the Networking and Information Technology Research and Development (NITRD) Program, Committee on Science and Technology, U.S. House of Representatives, July 31.

图书在版编目（ＣＩＰ）数据

全球工程教育前沿. 第一辑 / 美国国家研究理事会
等著；张炜，孔寒冰，李拓宇编译. — 杭州：浙江大学
出版社，2021.1
 ISBN 978-7-308-20311-1

Ⅰ. ①全… Ⅱ. ①美… ②张… ③孔… ④李… Ⅲ.
①工科（教育）－高等教育－教育研究－世界 Ⅳ.①G649.1

中国版本图书馆CIP数据核字（2020）第106102号

浙江省版权局著作权合同登记图字：11-2020-501

全球工程教育前沿（第一辑）

美国国家研究理事会　美国国家科学院、工程院和医学院　等著

张　炜　孔寒冰　李拓宇　编译

责任编辑	陈丽勋
责任校对	陆雅娟
封面设计	春天书装
出版发行	浙江大学出版社
	（杭州市天目山路148号　　邮政编码　310007）
	（网址：http://www.zjupress.com）
排　　版	杭州林智广告有限公司
印　　刷	杭州良诸印刷有限公司
开　　本	710mm×1000mm　1/16
印　　张	7
字　　数	120千
版 印 次	2021年1月第1版　2021年1月第1次印刷
书　　号	ISBN 978-7-308-20311-1
定　　价	25.00元